Lo fantástico *hoffmaniano* en ocho cuentos de Emilia Pardo Bazán

Alicia Romero López

# Lo fantástico *hoffmaniano* en ocho cuentos de Emilia Pardo Bazán

**PETER LANG**

**Bibliographic Information published by the Deutsche Nationalbibliothek**
The Deutsche Nationalbibliothek lists this publication in the Deutsche
Nationalbibliografie; detailed bibliographic data is available online at
http://dnb.d-nb.de.


Cover Photograph by / Photographer: © Marta Romero López


ISBN 978-3-631-78165-4 (Print)
E-ISBN 978-3-631-78568-3 (E-PDF)
E-ISBN 978-3-631-78569-0 (EPUB)
E-ISBN 978-3-631-78570-6 (MOBI)
DOI 10.3726/b15435

© Peter Lang GmbH
Internationaler Verlag der Wissenschaften
Berlin 2019
All rights reserved.

Peter Lang – Berlin · Bern · Bruxelles · New York · Oxford · Warszawa · Wien

This publication has been peer reviewed.

www.peterlang.com

# Agradecimientos

Quiero expresar mi más sincero agradecimiento a mis profesores Arno Gimber y Luis Martínez-Falero, pues sin su apoyo académico y confianza en mi trabajo no hubiera sido posible esta publicación.

No puedo dejar de mencionar a Guillermo Aguirre-Martínez que fue el primer lector del texto y quien me animó a publicarlo. Además, la ayuda inestimable de Rocío Badía Fumaz, no solo en la publicación de esta obra, si no a cada paso de mi carrera, me ha ofrecido confianza e ilusión por seguir luchando por aquello en lo que creo.

También he de agradecer este trabajo a Santiago Sanjurjo Díaz, fiel lector de todo aquello que sale de mi pluma, compañero y guía.

Y por último, a mi hermana Marta Romero López, artista en ciernes, que me ha cedido desinteresadamente la magnífica fotografía que ilustra este volumen y que siempre me ha apoyado en todas mis aventuras.

# Índice

# 1. Introducción

Este trabajo tiene como fin investigar la influencia de lo fantástico *hoffma-niano* en ocho cuentos de Emilia Pardo Bazán (1851–1921). E.T.A. Hoff-mann (1776–1822) fue el gran renovador de lo fantástico en el siglo XIX y su influencia en escritores de lengua castellana es notable. Ejemplo de ello serían Benito Pérez Galdós (1843–1920), con *La Sombra* (1871)[1], Rosalía de Castro (1837–1885), con *El caballero de las botas azules* (1867)[2] o

---

1  Cf. Martínez Santa, A. (1990).
2  Respecto al subtítulo que añade Rosalía de Castro a su obra *El Caballero de las botas azules. Cuento extraño*, Baquero Goyanes, en su obra *El cuento español del Romanticismo al Realismo*, anota: "Lo que ocurre es que al elegir Rosalía de Castro un tema de tipo fantástico, debía considerar más adecuado al pre-sentarlo, la denominación de cuento que la de novela, si se piensa en que la primera llevaba, per se, adheridas no pocas resonancias de ese tipo: lo irreal, lo sobrenatural, lo fantástico. Es significativo a tal respecto una crítica que en 1868 publica la *Revista de España* del relato de *El caballero de las botas azu-les*: «Esta composición pertenece al género fantástico, que ya en España se ha cultivado con acierto por varios autores, y singularmente por el General Ros de Olano, autor de *El Diablo las carga*, *El ánima de mi madre* y *El Doctor Lañuela*. Si con alguno de estos cuentos tiene analogía el de la Sra. de Murguía, es con el último. Con los tan celebrados cuentos de Hoffmann y de Edgardo Poe, no tiene ninguna. El cuento de la Sra. de Murguía es menos extraño, a pesar de que extraño se llama; hay en él acaso menos vigor de fantasía; pero en cambio parece obra de un entendimiento sano y de un juicio recto, y no se ve en él, como en los de Hoffmann y en los de Poe, que el delirio de la fiebre o de la embriaguez han entrado por mucho en la inspiración del poeta»" (Baquero Goyanes 1992: 168). Sin embargo, la propia Rosalía cita en su obra *El caba-llero de las botas azules* a Hoffmann: "El mismo Hoffmann, al contemplarlos con aquel atavío... hubiera comprendido que los caprichos de los hombres exceden muchas veces su realidad a cuanto más ardosa y creadora imaginación haya podido soñar de extravagante y de fantástico" (De Castro 1995: 266). La influencia parece clara, y se refuerza con la existencia de diferentes estudios actuales que analizan detenidamente la influencia de Hoffmann en Rosalía de Castro (Davies 1991) (Roas 2002: 206–2013). En *El caballero de las botas azu-les* la mano de Hoffmann se deja ver en la construcción del personaje del Duque de la Gloria: "las botas, el cascabel, la varita mágica, en cuanto a elementos de la configuración de personajes, recuerdan la tradición de los cuentos de Perrault y Hoffmann que Rosalía debió conocer" (Álvarez Sanagustín 1986: 504) y

Gustavo Adolfo Bécquer (1836–1870)[3]. Sin embargo, no existen estudios específicos sobre las posibles conexiones entre la narrativa de Pardo Bazán y la de Hoffmann, aunque la autora gallega conoció los cuentos de este, que desde mediados del siglo XIX gozaban de gran notoriedad en España. En el presente estudio analizaremos si existe un mismo tratamiento de lo fantástico en los dos autores y si aparecen motivos comunes en sus obras. Este tema nos resulta interesante debido al hecho de poder analizar las técnicas usadas para la creación de lo fantástico en una autora de finales del XIX a través de los escritos de un autor de principios de siglo. Este trabajo también pretende reforzar la impronta que los cuentos de Hoffmann tuvieron en España, señalando con ello la importancia que tuvo el autor en cuanto a la renovación del género. Comenzaremos con el análisis de lo fantástico *hoffmaniano*, para así, conociendo sus características, estudiarlas en los cuentos de Pardo Bazán que hemos escogido para el análisis, a saber: *Un destripador de antaño* (1890), *El ruido* (1892), *El talismán* (1894), *La máscara* (1897), *Vampiro* (1901), *Las espinas* (1919), *La Borgoñona* (1885) y *Los pendientes* (1909). Estos ocho relatos han sido seleccionados porque consideramos que cada uno de ellos representa un aspecto diferente de lo fantástico *hoffmaniano*. De gran importancia también será el estudio de la recepción de Hoffmann en España, para así conocer el alcance que tuvo su obra en el siglo XIX y clarificar qué textos pudieron ser los más influyentes en las letras castellanas de la época.

---

como apunta Carvalho Calero: "Hoffmann é, claro está, umha das fontes da 'máquina' de *El Caballero de las Botas Azules*, cujo Duque de la Gloria é un deux ex machina que se move coa gratuidade que Hoffmann atribuiu á fantasia italiana" (Carvalho Calero 1986: 82).

3  En 1870 en el «Prólogo» a las *Obras de Gustavo Adolfo Bécquer*, escrito por Ramón Rodríguez Correa este dice: "Sus leyendas [de Becquer], que pueden competir con los cuentos de Hoffmán [*sic*] y de Grimm, y con las baladas de Ruckert y de Uhland, por muy fantásticas que sean, por muy imaginarias que parezcan, entrañan siempre tal fondo de verdad, una idea tan real, que en medio de su forma y contextura extraordinarias, aparece espontáneamente un hecho que ha sucedido ó puede suceder sin dificultad alguna, á poco que se analice la situación de los personajes, al tiempo en que se agitan, ó las circustancias que les rodean" (Rodríguez Correa 1870: XXX). También ver: García-Wistädt, I. (2004).

Tras la investigación realizada hemos encontrado diversos argumentos que apoyan la tesis de que lo fantástico *hoffmaniano* impregna algunos relatos de Pardo Bazán: la importancia de Hoffmann en España, a partir de las traducciones que se realizaron de sus cuentos, las referencias directas a Hoffmann en diversos escritos de la autora gallega o el conocimiento del idioma alemán por parte de Pardo Bazán. En este punto, creemos importante señalar cómo fue el primer contacto de la escritora gallega con esta lengua, y por tanto con su literatura:

> Como vi que los adeptos al [krausismo] consideraban necesario el conocimiento de la lengua alemana, me dediqué a aprenderla, pero así que tuve una tintura, preferí consagrarme a Goethe, Schiller, Bürger y Heine[4], pues para las obras de metafísica declaro sin rebozo (aunque sería más lúcido afirmar lo contrario), que a menos de estar versadísimo, son preferibles las buenas traducciones francesas, pues ofrecen el hipérbaton alemán ya reducido a la construcción latina. (Pardo Bazán 1973b: 710)

En el *Catálogo de la Biblioteca de Emilia Pardo Bazán*[5] encontramos que la autora tenía en su poder diversas obras en alemán, ejemplo de ellas son los textos de Goethe: *Faust, eine Tragödie* o *Goethes sämtliche Werke in vierzig Bänden* (Fernández-Couto 2005: 240) o los de Heinrich Heine: *Heinrich*

---

4   "El conocimiento de la obra del poeta alemán tuvo una rápida y feliz acogida en el imaginario de la feliz receptora, de la fina crítica, de la poeta a ratos Pardo Bazán, en unos años –entre 1865 y 1885 aproximadamente– especialmente importantes para cualquier escritor como son los de su formación" (Quesada 2009: 28). La obra de Heine fue tratada por Pardo Bazán en su artículo *Fortuna española de Heine* e influyó sobre todo en algunas composiciones líricas de la autora, aunque no debemos alabar las composiciones de doña Emilia solamente por la influencia que Heine haya podido tener en ellas, sino como obras de creación artística propias, como bien apunta Rodríguez Yáñez: "es ya un tópico aludir a la escasa atención que han merecido las producciones líricas de la escritora coruñesa, como también lo es el hecho de justificar gran parte de dichas creaciones mediante el influjo de Heinrich Heine" (Rodríguez Yáñez 2005: 71). Pardo Bazán también tradujo a Heine: "cae rendida a los pies de Heinrich Heine, cuyos delicados poemas utiliza como ejercicios de traducción" (Acosta 2007:116). Algunos borradores de sus traducciones, varios de ellos aparecidos en periódicos, se conservan en el archivo de la Real Academia Galega (Freire 2006: 146).

5   Volumen editado por la Real Academia Gallega, que nos cedió el ejemplar que tenemos entre las manos.

*Heines poetische Werke* (ibíd. 264). No debemos olvidar que Pardo Bazán fue una gran lectora, como afirma Fernández-Couto: "[...] dona Emilia manifestou dende sempre unha curiosidade sen límites por achegarse a todos os ámbitos do coñecemento, lendo todo o que caía nas súas mans" (ibíd. 7).

Por otro lado, no podemos vincular la escritura de Pardo Bazán a un determinado movimiento literario, pues los lindes entre los mismos no están claramente delimitados, y además hemos de tener en cuenta el largo recorrido temporal de la obra de la autora. Los escritores están influenciados por las obras escritas en épocas anteriores, por lo tanto no podemos desechar la idea de que algunos elementos pasen de un movimiento a otro, algo ya asumido por Pardo Bazán: "Tiene cada época sus luchas literarias, que a veces son batallas en toda la línea como la empeñada entre clasicismo y romanticismo" (Pardo Bazán 1999b: 195). La crítica ha sido la que la ha considerado una de las más importantes representantes de la estética naturalista en España: "Poco después, en 1886 y 1887, aparecerán las dos novelas tradicionalmente consideradas más representativas del naturalismo, *Los pazos de Ulloa* y *La madre Naturaleza*" (Oleza 1984: 24). La propia autora tiene varias obras en las que analiza este movimiento literario, ejemplo de ellos son: *La Cuestión Palpitante* o *La literatura francesa moderna. Naturalismo*. Sin embargo, consideramos que no solo dedicó sus obras a la estética naturalista y realista, sino que también podemos encontrar en sus escritos ciertos elementos de herencia romántica. No consideramos problemático el hecho de que los textos de una escritora adscrita a las corrientes realista y naturalista (en términos generales, y sin olvidar la controversia que suscitaron sus textos de corte naturalista) tengan tintes románticos.

Emilia Pardo Bazán fue una gran estudiosa de la literatura, sobre todo de la francesa, por lo que no es de extrañar que entre sus textos teóricos contemos con *El Romanticismo*, primera parte del ya mencionado volumen: *La literatura francesa moderna*, publicado en 1911. En el capítulo XIX dè su obra *El lirismo en la poesía francesa*, publicada póstumamente, afirma que los elementos románticos perduran en la literatura del XIX:

> Los «hechos» románticos fueron numerosos y brillantes, y los «hombres» que realizaron esos hechos permanecen en primera línea en las clasificaciones literarias, hoy que su tiempo ha pasado. Y aun pudiéramos recontar otras señales de la vitalidad pujante con que aquella escuela salió a plaza: siendo la más clara y

persuasiva de todas, el retoñar incesante de sus ideales estéticos y de sus consecuencias psicológicas, al través de todo el resto del siglo XIX, y en lo que va de
nuestro siglo (Pardo Bazán 2002).

Pardo Bazán aún vinculada por la crítica al movimiento naturalista no
desarrolla su trabajo solamente dentro de los límites del mismo, sino que,
como en la mayoría de escritores, en su obra encontramos características
de diferentes corrientes. Sírvanos de ejemplo una de sus grandes novelas
naturalistas, *Los Pazos de Ulloa*, en la que podemos hablar de un Naturalismo *pardobazaniano*[6], pues aparecen elementos que se escapan a esta
estética. Tengamos presente la escena que se da en el capítulo XIX, en el que
se presenta a María la Sabia con las características de una bruja o adivina,
alejándose así del tono realista y acercándose al ámbito de lo fantástico
romántico, en el que las *meigas*, como parte del folklore popular, forman
parte de la cotidianidad:

> En pie, delante de ellos, la señora María la Sabia, extendiendo el dedo negro y
> nudoso cual seca rama de árbol, los consultaba con ademán reflexivo. Encorvada
> la horrenda sibila, alumbrada por el vivo fuego del hogar y la luz de la lámpara,
> ponía miedo su estoposa pelambrera, su catadura de bruja en aquelarre, más
> monstruosa por el bocio enorme, ya que le desfiguraba el cuello y remedaba un
> segundo rostro, rostro de visión infernal, sin ojos ni labios, liso y reluciente a
> modo de manzana cocida. (Pardo Bazán 1997: 292)

Tradicionalmente se ha asociado con el imaginario gallego la existencia de
elementos maravillosos como las meigas o la Santa Compaña. Así pues, a
Pardo Bazán le fue sencillo este mestizaje de elementos, ya que en la Galicia
rural, tomada como marco espacial para muchos de sus cuentos, lo fantástico formaría parte de lo real.

La imagen convencional del Romanticismo o de lo romántico está ligada
a diferentes imágenes, tales como la nostalgia, el sentimentalismo, el amor,
la naturaleza, los lugares idílicos que en ella encontramos, las vivencias
personales o la esperanza de alcanzar una vida totalmente idealizada, todos
ellos clichés "publicitarios" que han creado una falsa o restringida idea
de lo que realmente fue el Romanticismo. La literatura demuestra que lo
romántico puede estar ligado a una concepción oscura y misteriosa de la
naturaleza, a lo fantasmal, a la oscuridad, etc. Los hermanos Grimm fueron

---

6  Véase más sobre este tema en: Tasende-Grabowski 1991.

dos de los grandes representantes de este tipo de romanticismo y sus *Kin-der- und Hausmärchen* (*Cuentos para la infancia y el hogar*) cumplen con muchas de estas características:

> El proceso de recuperación romántica del género desempeñó un papel muy importante el cuento popular. Pues, evidentemente, fue decisivo para el porvenir del cuento literario el que, en el XIX, a partir de 1812 cuando los hermanos Grimm publican por primera vez una colección de cuentos populares recogidos de la tradición oral, se pusiese de moda en toda Europa un movimiento seme-jante. (Baquero Goyanes 1992: 2)

Pardo Bazán conocía estas colecciones de cuentos y las diferencias entre los relatos de los Grimm y los que se habían escrito en España. El color de los cuentos germanos es más oscuro y juegan con una mitología desconocida, pero que, sin embargo, influiría posteriormente en la literatura en lengua castellana. La autora gallega, en su «Prólogo» a *Una dama joven*, men-ciona que ella tan solo ha escrito un cuento para niños, *Príncipe Amado*, y comenta al respecto:

> Tenemos [en España], eso sí, un rico tesoro de fabulistas, tesoro casi enterrado, pues hoy las fábulas han caído en injusto olvido y descrédito; mas por lo que toca á narraciones, á novelas y leyendas infantiles, vivimos de prestado, dependiendo de Francia y Alemania, que nos envían cosas muy raras y opuestas á la índole de nuestro país, y en vez de nuestras clásicas brujas, hadas, gigantes y encantadores nos hacen trabar conocimiento con ogros, elfos y otros seres de la mitología y demonología septentrional: aparte de que el color terrorífico de algunos cuentos de Grimm y Andersen, por ejemplo, más es para poner espanto en el ánimo de los chiquillos, y apocarlos y llenarles el cerebro de telarañas, de ahorcados y espectros, que para darles un rato de solaz y una disimulada lección. (Pardo Bazán 1907: VII)

Las tradiciones orales, que ellos recogen para crear así su corpus textual, son muy importantes para esta concepción misteriosa de la literatura, y es algo que encontramos tanto en Hoffmann como en Pardo Bazán. El autor alemán muestra en sus narraciones fantásticas el lado oscuro de la natura-leza, el mundo de los desconocido y de los sueños, la esfera de lo fantástico, de lo secreto y lo siniestro (cf. Bekes 2006: 5–6).

En este estudio nos centraremos en el análisis de diferentes cuentos que responden a unas características comunes y que a grandes rasgos podríamos decir que se insertan dentro de la estética del Romanticismo –recordemos que Hoffmann es uno de los representantes más importantes de la llamada *Schwarze Romantik* (Romanticismo oscuro)–. Como ya se ha explicitado en líneas anteriores, se trata de un Romanticismo alejado de los clichés socialmente establecidos y tendremos en cuenta la faceta más oscura de este movimiento, relacionada siempre con el ámbito de lo fantástico. Mariano Baquero Goyanes en su obra *El cuento español en el siglo XIX*, trata el concepto de cuento y de la importancia del Romanticismo para la construcción del mismo:

> [...] género resucitado por los románticos —recreadores de un mundo medieval con leyendas, consejas y cuentos de vieja —, y transformado —por obra y gracia de los naturalistas maupassantianos, sobre todo— en algo nuevo, tan distante ya de las narraciones románticas que nada parece deberles, cuando realmente es hijo de ellas y de su cruce con otros géneros literarios, como el artículo de costumbres. (Baquero Goyanes 1949: 15–16)

Como queda patente en esta cita, el hibridismo genérico y las conexiones entre movimientos literarios es algo que se debe tener muy presente a la hora de estudiar los textos de un autor, pues encasillarle tan solo como representante de un género puede dar lugar a confusiones. Los textos de Pardo Bazán, ya referidos, se analizarán no como parte de un movimiento literario, sino mediante el estudio del tratamiento de lo fantástico que hace la autora, para así averiguar si sus lecturas de Hoffmann quedaron plasmadas en su escritura. Se ha de recalcar que el estudio de estos cuentos se hace desde una perspectiva actual, sobre todo en los relatos de Pardo Bazán, pues la etiqueta de «cuentos fantásticos» es establecida por la crítica posteriormente.

> Realmente, pocos son los narradores que a priori se proponen hacer un cuento religioso o social, sino que tal carácter es más bien observado posteriormente, como resultante y no como premisa impuesta a la creación literaria. Siempre habrá, además, cuentos inclasificables que habría que estudiar aparte, a no querer incluirlos, forzadamente, en uno de los casilleros establecidos. (Baquero Goyanes 1949: 203)

El formato perfecto para el desarrollo de lo fantástico es el cuento, "no sólo por la brevedad accesible a las antologías y a las publicaciones periódicas [...] Sin duda, está en la esencia del cuento -particularmente, en la intensidad, en el predominio de lo narrativo y en el final inesperado- la línea adecuada a las incalculables posibilidades de lo fantástico" (Carilla 1968: 32–33). El cuento fantástico no tuvo en España muchos seguidores: "He aquí un género muy característico del siglo XIX y que, sin embargo, en España no tuvo demasiados cultivadores; muy inferiores éstos, desde luego, a los

grandes creadores del género: Hoffmann, Chamisso, Nodier, Alan Poe, etc."
(Carilla 1968: 235). Sin embargo, los pocos cuentos fantásticos que surgen
lo hacen como "una imitación de los cultivados en otros países, especialmente de los de Hoffmann" (Carilla 1968: 236). David Roas achaca esta
desatención al género fantástico al atraso en el que España se encontraba
inmersa en el siglo XIX: "el proverbial retraso que sufría España en el
siglo pasado en todos los aspectos de la vida, el arte y la ciencia, también
afectó a la literatura fantástica, pues la moda de lo fantástico llegó tarde a
nuestro país" (Roas 2012). De gran importancia es señalar que las primeras
traducciones de Hoffmann que llegaron a la Península fueron al francés, por
lo que no sorprende que entre los volúmenes de Pardo Bazán encontremos
uno en esta lengua, como se verá más adelante. Sin embargo, no es menos
cierto que lo fantástico se abrirá camino paulatinamente en la literatura en
lengua castellana, siendo así que los más importantes autores del XIX, Cla-
rín, Galdós o Pardo Bazán, fueron grandes cultivadores del género: "Dos
factores serán la base de su éxito: temáticamente, se convirtió en el género
más receptivo y más adecuado para expresar la inclinación a lo macabro, a
lo patético, a lo fantástico y a lo sentimental del romanticismo europeo; y,
a la vez, su corta extensión se adaptaba perfectamente al formato exigido
por las publicaciones periódicas" (Roas 2012).

Es de gran importancia señalar el papel determinante que jugaron las
traducciones de Hoffmann al francés, mucho más tempranas que las castellanas, al igual que el papel de la prensa como forma de difusión del
cuento –y, como se estudiará más adelante, para la recepción del propio
Hoffmann en España–: "En ese tiempo, el romántico, hubo un vehículo o
instrumento que llegó a convertirse en el más poderoso aliado con que pudo
contar el proceso de afianzamiento literario del cuento. Me refiero, claro
es, al periodismo" (Baquero Goyanes 1992: 3–4). Roas, en la misma línea
que Baquero Goyanes, apunta:

> La liberalización del mundo editorial había traído consigo la aparición de nume-
> rosas revistas, que sirvieron como medio de expresión para los autores román-
> ticos, impulsando, de ese modo, la divulgación de la estética e ideología del
> romanticismo. Y en estas revistas aparecerá un elemento fundamental en el desa-
> rrollo y difusión del género fantástico: el cuento. (Roas 2012)

El cuento estaba ligado de manera clara al periodismo, por lo que la brevedad de los textos es uno de los elementos caracterizadores del mismo. Este

rasgo y su rentabilidad contrastan con algunos de los cuentos de Hoffmann, ya que son mucho más extensos, aunque algunos de ellos fueron publicados en la prensa española.

Como se ha mencionado líneas arriba, nuestro estudio versa sobre la constatación de un mismo tratamiento de lo fantástico en los textos de Pardo Bazán y en los de Hoffmann, de este último trabajaremos el cuento *Der Sandmann* (*El hombre de la arena*), publicado en 1817, ya que consideramos que nos permite explicar de manera clara las técnicas y procedimientos de lo fantástico. Se hará un breve análisis de lo que hemos determinado en llamar fantástico *pardobazaniano*, es decir, de las características propias con las que la autora impregna el género en sus relatos y se estudiarán detenidamente las estrategias usadas por los dos autores para conseguir crear relatos fantásticos, siendo estas: genéricas, narrativas, temáticas y simbólicas, y el uso de los sentidos (particularmente de la percepción auditiva) como forma de lo fantástico.

Para concluir esta introducción, tan solo queremos señalar que aun siendo este trabajo de corte comparatista, no nos extenderemos en analizar las diferentes teorías de literatura comparada, por no ser este el lugar adecuado para ello, ya que nos enfrentamos a un análisis literario más que teórico-comparatista. Sin embargo, sí queremos hacer hincapié en cómo enfocaremos la comparación entre los autores protagonistas de este estudio. No hablaremos de influencia, pues lo que aquí vamos a estudiar es la aparición de un mismo tratamiento de lo fantástico, a través de motivos, temas y estrategias similares, en autores de épocas y nacionalidades diferentes. Para ello, hemos partido de la siguiente premisa: "And everywhere there is connexion, everywhere there is illustration: no single event, no single literature, is adequately comprehended except in its relation to other events, to other literatures" (Arnold 1960: 20–21). La literatura está conectada entre sí, los movimientos literarios, que supuestamente encierran una estética determinada, tienen raíces profundas en otras épocas, autores y obras. Entendemos que la literatura comparada "[...] se trata del estudio de textos a través de diferentes culturas, que abarca un ámbito interdisciplinario y que tiene que ver con modelos de conexión entre las literaturas a través del tiempo y el espacio" (Bassnett 1998: 87). En este sentido, hemos considerado importante para nuestro estudio el comprobar que Pardo Bazán tenía noticia de Hoffmann, para lo que hemos analizado el catálogo de su biblioteca personal y las referencias directas al autor alemán en algunos textos de la autora gallega. Consideramos que estas lecturas son textos que sirven como documentos que sustentan el ejercicio comparatista, es decir, aquellos "que solo tienen por objeto documentar la existencia real del intercambio" (Cioranescu 1964: 76).

Para el estudio que aquí vamos a llevar a cabo y en idéntico sentido, también es importante mencionar el vínculo existente entre la literatura comparada y la traducción, pues "la traducción se considera en este contexto uno de los canales más decisivos en la transferencia literaria" (Carbonell 1998: 142). Por ello, hemos determinado en analizar en este breve estudio la recepción de Hoffmann en España a través de las traducciones que se hicieron del mismo, tanto en la prensa como en volúmenes de relatos colectivos o individuales.

> La tarea del comparatista consiste en determinar el interés y la significación de la traducción, teniendo en cuenta su coincidencia con una moda o su oposición a la misma, el interés generalizado o la afición singular [...] en fin, estudiar en conjunto el resultado del encuentro de dos personalidades y, a través de ellas, de dos culturas diferentes, y la nueva resonancia adquirida por la obra [...]. (Cioranescu 1964: 87)

Se analizará si las opiniones de los cuentos de Hoffmann fueron negativas o positivas en el momento de sus primeras traducciones al castellano, y cómo ese concepto fue variando hasta llegar a finales del XIX, época en la que escribe Pardo Bazán, para así analizar el encuentro literario de dos importantísimas personalidades literarias.

Con este trabajo pretendemos acercarnos al estudio de lo fantástico literario a través del giro que dio Hoffmann al género y observar si esas innovaciones llegaron a la Península casi un siglo más tarde, así como analizar desde esta perspectiva cómo Pardo Bazán, autora catalogada como naturalista, fue una prolífera escritora de cuentos fantásticos, algunos de ellos con una fuerte impronta romántica. En el trascurso de este estudio se expondrá la importancia que tuvo lo fantástico en España y quedarán de relieve los cambios en su tratamiento entre el comienzo del siglo XIX y finales del mismo. La pretensión de este trabajo es acercar al lector los cuentos fantásticos de la autora gallega, sacándolos de su inmerecido olvido, y estudiándolos conjuntamente con la obra de Hoffmann, analizando en los dos autores el uso de estrategias similares para la creación de un mismo género.

# 2. E.T.A. Hoffmann y lo fantástico

## 2.1 Teorías de lo fantástico

Para este breve y necesario acercamiento a las teorías de lo fantástico vamos a seguir principalmente las ideas que Todorov presenta en su obra *Introducción a la literatura fantástica* (1970), pues consideramos que son perfectamente aplicables al tratamiento que Hoffmann hace de lo fantástico, y por lo tanto, extensibles al análisis de este elemento en las obras de Emilia Pardo Bazán. Propondremos, en este apartado, algunas características del género, para más adelante dar las claves de lo fantástico *hoffmaniano*.

Un primer acercamiento a la definición del género sería el siguiente:

> Llegamos así al corazón de lo fantástico. En un mundo que es el nuestro, el que conocemos, sin diablos, sílfides, ni vampiros se produce un acontecimiento imposible de explicar por las leyes de ese mismo mundo familiar. El que percibe el acontecimiento debe optar por una de las dos soluciones posibles: o bien se trata de una ilusión de los sentidos, de un producto de la imaginación, y las leyes del mundo siguen siendo lo que son, o bien el acontecimiento se produjo realmente, es parte integrante de la realidad, y entonces esta realidad está regida por leyes que desconocemos. (Todorov 1995: 24)

Lo fantástico no remite tanto a seres de otro mundo, imaginarios, sino a la introducción de diferentes elementos sobrenaturales en la realidad, creando así confusión en los que perciben los hechos: "Se producen una serie de fenómenos extraños, que, aunque compatibles con el orden natural de las cosas, dejan abiertas en el protagonista y el lector (el lector ideal) dudas acerca de su posible origen sobrenatural" (Esteban Martín 1999: 195). En algunos relatos de Hoffmann, como *Der Sandmann*, puede ocurrir que se produzcan diferentes acontecimientos extraños, que crearán incertidumbre en el lector, y lo fantástico vendría dado en estos casos por la sucesión de hechos insólitos: "No existe nada en él que pueda denominarse, en sentido estricto, sobrenatural, los elementos causantes de la inquietud del protagonista solo a través de su interrelación reciben, entre otras posibles, una explicación sobrenatural" (Esteban Martín 1999: 193). Esta idea estaba ya presente en el XIX, y es gracias a su capacidad para introducir este elemento como parte de la vida real, que se considere a Hoffmann el gran renovador del género fantástico. Théophile Gautier señala: "[...] plus les objets sont

minutieusement détaillés; l'accumulation de petites circonstances vraisem-
blables sert à masquer l'imposibilité du fond" (Gautier 1883: 45). En esta
línea Antón Risco apunta: "[...] en qué consiste la literatura de fantasía: aquella que hace aparecer en sus anécdotas elementos extranaturales,
los cuales se identifican en cuanto se oponen de alguna manera a nuestra
percepción del funcionamiento de la naturaleza, de su normalidad" (Risco
1987: 25). Sin embargo, los románticos no tenían por qué defender la existencia de lo sobrenatural, sino que lo usaban como una forma de génesis
artística, creando un mundo imaginario en contraposición al racionalismo
imperante; el mundo de la sinrazón era más productivo, artísticamente, que
el de la razón (cf. Esteban Martín 1999: 199).

Todorov añade en su teoría de lo fantástico un concepto que nos parece
clave para entender el género: el de incertidumbre. El receptor del hecho
fantástico al encontrarse ante él, y no pudiendo discernir si es una ilusión
o si puede tener una explicación racional, duda:

> [...] Lo fantástico ocupa el tiempo de esta incertidumbre. En cuanto se elige una
> de las dos respuestas, se deja el terreno de lo fantástico para entrar en un género
> vecino: lo extraño o lo maravilloso. Lo fantástico es la vacilación experimentada
> por un ser que no conoce más que las leyes naturales, frente a un acontecimiento
> aparentemente sobrenatural. [...] La posibilidad de vacilar entre ambas crea el
> efecto fantástico. (Todorov 1995: 24)

Lo fantástico es, por tanto, algo momentáneo, no duradero en el tiempo,
pues en cuanto se aboga por una u otra resolución del acontecimiento,
el hecho de lo fantástico se anula. Si se suprime la duda, la vacilación, se
pone fin a lo fantástico: "Tanto la incredulidad total como la fe absoluta
nos llevarían fuera de lo fantástico: lo que le da vida es la vacilación"
(Todorov 1995: 28).

Otro aspecto importante a tratar es la diferencia existente entre lo maravilloso y lo fantástico. Risco en su obra *Literatura fantástica de lengua
española*, señala:

> [...] E inspirándose, luego, en un buen número de especialistas de semejante lite-
> ratura [fantástica], dentro de ella puede hacerse la diferencia entre lo maravilloso
> y lo fantástico, caracterizando la primera manera como aquella que se sitúa de
> golpe al lector en un ámbito donde la manifestación de los fenómenos extranatu-
> rales no se problematizan, por lo que, de algún modo se muestran como naturales
> en ese medio fundamentalmente diferente, entonces, del suyo. Así, el conflicto
> que plantean se establece sólo con el lector en su visión del mundo [...] no con los

personaje que los presencian o los viven, ya que estos pertenecen a otra esfera, regida por otra normalidad. Si ellos los problematizan de alguna manera, sorprendiéndose, por poco que sea, de la naturaleza de tales fenómenos, la obra de referencia correspondería ya a lo fantástico. (Risco 1987: 25–26)

Lo fantástico supone la confrontación entre hechos sobrenaturales y la realidad, entendiendo por sobrenatural todo aquello que se escapa a las leyes físicas constatadas por el hombre. Lo maravilloso, sin embargo, no supone una confrontación entre dos realidades (sean estas ficticias o no), sino que los elementos sobrenaturales están en consonancia con el mundo en el que estos se desarrollan:

> El universo de lo maravilloso está naturalmente poblado de dragones, de unicornios y de hadas; los milagros y las metamorfosis son allí continuos; la varita mágica, de uso corriente; los talismanes, los genios, los elfos y los animales agradecidos abundan; las madrinas, en el acto, colman los deseos de las huérfanas meritorias... En lo fantástico, al contrario, lo sobrenatural aparece como una ruptura de la coherencia universal. El prodigio se vuelve aquí una agresión prohibida, amenazadora, que quiebra la estabilidad de un mundo en el cual las leyes, hasta entonces, eran tenidas por rigurosas e inmutables. Es lo imposible, sobreviniendo de improviso en un mundo de donde lo imposible está desterrado por definición. (Caillois 11)

Los *Volksmärchen* (cuentos populares) se acercarían, en muchos casos, al concepto de lo maravilloso. Ejemplo de ello serían algunos relatos de los Hermanos Grimm, como *Rotkäppchen* (*Caperucita Roja*), pues la convivencia entre lo real y lo sobrenatural es armónica:

> [...] dentro de ella [literatura de fantasía] puede hacerse la diferencia entre lo maravilloso y lo fantástico, caracterizando la primera manera como aquella que sitúa de golpe al lector en un ámbito donde la manifestación de los fenómenos extranaturales no se problematizan, por lo que, de algún modo, se muestran como naturales en ese medio, fundamentalmente diferente, entonces, del suyo. Así, el conflicto que plantean se establece solo con el lector en su visión del mundo –la vigente en su medio, ha de entenderse–, no con los personajes que los presencian y los viven, ya que éstos pertenecen a otra esfera, regida por otra normalidad. Si ellos problematizan de alguna manera, sorprendiéndose, por poco que sea, de la naturaleza de tales fenómenos, la obra de referencia correspondería ya a lo fantástico. (Risco 1987: 25–26)

Ambas formas fueron trabajadas por muchos autores románticos y, como bien señala Risco, las fronteras entre lo fantástico y lo maravilloso no son siempre claras, por lo que en muchos casos será el lector quien deba optar entre ambos. Como vemos, el papel del receptor es de vital importancia en la concepción de lo fantástico:

> Lo fantástico implica pues una integración del lector con el mundo de los personajes; se define por la percepción ambigua que el propio lector tiene de los acontecimientos relatados. Hay que advertir de inmediato que, con ello, tenemos presente no tal o cual lector particular, real, sino una "función" de lector, implícita al texto (así como también está implícita la función de narrador). [...] La vacilación del lector es pues la primera condición de lo fantástico. (Todorov 1995: 28)

La integración del lector en el mundo de los personajes es una de las claves, en nuestra opinión, de la teoría de Todorov, pues la duda ante el hecho sobrenatural, que antes mencionábamos como característica propia de este género fantástico, no solo es generada en los lectores, sino que también los personajes serán partícipes de ella – esta idea es esencial para el análisis del cuento *Un destripador de antaño*, de Emilia Pardo Bazán, que se analizará posteriormente en este estudio–. Todorov considera esta identificación una de las tres condiciones que lo fantástico ha de cumplir, a saber:

> [lo fantástico] exige el cumplimiento de tres condiciones. En primer lugar, es necesario que el texto obligue al lector a considerar el mundo de los personajes como un mundo de personas reales, y a vacilar entre una explicación natural y una explicación sobrenatural de los acontecimientos evocados. Luego, esta vacilación puede ser también sentida por un personaje de tal modo, el papel del lector está, por así decirlo, confiado a un personaje y, al mismo tiempo la vacilación está representada, se convierte en uno de los temas de la obra; en el caso de una lectura ingenua el lector real se identifica con el personaje. Finalmente es importante que el lector adopte una determinada actitud frente al texto: deberá rechazar tanto la interpretación alegórica como la interpretación "poética". Estas tres exigencias no tienen el mismo valor. La primera y la tercera constituyen verdaderamente el género; la segunda puede no cumplirse. (Todorov 1995: 30)

Antón Risco, por su parte, propone cinco modalidades de lo fantástico. La primera es la que alberga el contraste entre lo normal y lo extraordinario: "contraste de dos espacios opuestos en sus leyes: surge lo fantástico de la oposición entre dos ámbitos o planos existenciales, uno supuestamente normal, que ha de aproximarse suficientemente a la cotidianidad del lector, y el otro anormal, prodigioso, maravilloso" (Risco 1987: 153). En segundo lugar, la irrupción de lo maravilloso en lo cotidiano: "lo extranatural que hace su aparición en el mundo normal en que viven el sujeto o los sujetos de la historia. La cotidianidad de este ámbito ha de ser semejante en lo posible a la del lector [...] para que así el impacto de lo extranatural produzca también en él la necesaria sorpresa y el texto obtenga su eficacia" (Risco 1987: 187). Lo fantástico puro, como tercera modalidad, es la que más se acerca a la teoría de Todorov, quien "como es sabido, identifica lo fantástico puro con la duda que el lector comparte con el narrador o alguno de los personajes respecto al origen de lo sobrenatural del fenómeno narrado" (Risco 1987: 309). En palabras de Risco lo fantástico puro es:

> [...] el elemento temático que emborrona las señales de sus propios referentes, con lo cual provoca la perplejidad, el escándalo, el horror o la risa. Se trata por tanto, a mi juicio, del ruido que irrumpe en la lógica de la anécdota, del informalismo temático; o sea, con otras palabras, de aquella unidad figurativa caótica que todavía no ha sido recuperada racionalmente, que no sabemos reducir. (Risco 1987: 310)

Risco considera el cuento *El Talismán* de Emilia Pardo Bazán como representante de esta tercera modalidad de lo fantástico; curiosamente este es el único relato de la autora gallega mencionado en su estudio. Posteriormente, Ermitas Penas Varela en su trabajo "Fantasía en algunos cuentos de Emilia Pardo Bazán" (2001) clasifica algunos cuentos fantásticos de Pardo Bazán según la catalogación de Risco. Como cuarta modalidad de lo fantástico Risco señala la fusión entre ficción y realidad: "en esta modalidad, sueño y realidad, fantasía y realidad, literatura y realidad, ficción y realidad borran sus fronteras y se mezclan sus sustancias, conduciendo al lector a las más sobresaltadas perplejidades" (Risco 1987: 347). El quinto y último apartado lo dedica a la confusión entre retórica y diéresis: "se trata de la única modalidad en que la forma tiene una influencia decisiva, al punto de poder generar la fantasticidad. [...] Ya se comprenderá que es un fenómeno que suele darse sobre todo en literatura del siglo XX, a partir de las vanguardias futurista, ultraísta, creacionista, dadaísta, surrealista, etc." (Risco 1987: 401).

## 2.2 Lo fantástico *hoffmaniano*

El término *hoffmaniano* es utilizado en este estudio para describir cierto tratamiento de lo fantástico, propio de la narrativa de Hoffmann, para así posteriormente aplicarlo al estudio de los cuentos de Pardo Bazán. La renovación fantástica que hace el autor alemán se aleja de la concepción de lo fantástico que pudieran tener ciertos románticos alemanes, como Ludwig Achim von Arnim, Ludwig Tieck, Clemens Brentano o el Barón de la Motte-Fouqué. No encontramos ondinas, fantasmas o elementos supernaturales totalmente extraños a nuestro mundo, sino que Hoffmann consigue crear en sus relatos, a través de la introducción en la vida real de lo *Unheimlich* (siniestro) –como señala Freud—, una serie de ambientes totalmente verosímiles en los que inserta elementos ajenos a la realidad, y que provocan cierta extrañeza tanto en los personajes como en el propio lector: "[...] este efecto «Unheimlich» o «siniestro» o «Ex-Fa» (extraño-familiar), no es nada «otro» ni especialmente misterioso o lúgubre sino un modo de referirnos al entendimiento paradójico de la realidad como reconocible, y sin embargo extraña, o extraña y sin embargo reconocible" (Sastre 2003: 237). Cuando en un texto de corte realista se introduce una sospecha sobre la propia realidad tiene lugar lo *unheimlich*, pues el relato, desde su ambigüedad, no resuelve el misterio, siempre queda un resquicio para la explicación racional de los hechos. Hoffmann lleva a la realidad, a la esfera de la normalidad, lo fantástico:

> Hoffmann tratará de plasmar en sus cuentos el lado fantástico que encierra la vida ordinaria o las dimensiones de inquietante extrañeza que se derivan de la misteriosa e inefable interioridad del alma humana (interioridad soñadora, escindida, insatisfecha, arrastrada por obsesiones, suelos o visiones que nos ponen en contacto con lo sobrenatural o nos acercan al enigma de lo irracional o la locura). (Herrero Cecilia 2000: 46–47)

La realidad representada en algunas obras de Hoffmann se deforma a través de la inserción de elementos sobrenaturales:

> Los románticos terminaron con el orden cartesiano que separaba realidad y sueño. En Novalis encontramos aún las fronteras definidas, pero en E.T.A. Hoffmann las cosas se radicalizan [...] El hilo misterioso que ata nuestros sueños y que traspasa nuestra vida se puede entender, otra vez, como estructura, esquema de la narración, donde la realidad se entremezcla con el sueño, con el soñar despierto y con la realidad. Hoffmann opera con estos dos niveles y narrar es para él eliminar las fronteras entre ellos, es construir una inestabilidad entre ficción y realidad, entre soñar y estar despierto. (Gimber 2010: 57–58)

La utilización del sueño por parte del autor juega un papel muy importante, en tanto que elemento en el que lo real y lo irreal se funden: "E.T.A. Hoffmann concedía al hombre la capacidad de entrar en comunicación con el alma del mismo por medio del sueño" (Miguel-Pueyo 2009: 88). El propio Hoffmann escribió en los *Kreisleriana*: "No es propiamente en sueños, sino más bien ese estado de delirio que sobreviene al dormir, sobre todo si he oído mucha música, cuando percibo una especie de concordancia entre los colores, los sonidos y los perfumes" (citado en: Béguin 1954: 381).

Otra de las características de las obras fantásticas de Hoffmann es el equívoco, lo que concuerda con las ideas de Todorov sobre este género, pues la duda que crea el hecho fantástico es lo que realmente define este tipo de textos: "De ahí la ironía romántica de Hoffmann, su tendencia a fundir y a confundir lo real con lo imaginario, lo soñado con lo vivido ofreciéndonos un mundo equívoco y ambiguo [...] que el lector tendrá que interpretar" (Herrero Cecilia 2000: 47).

Los rasgos más característicos de lo fantástico *hoffmaniano*, sintetizados por Roas son los siguientes:

> 1) La interiorización de lo sobrenatural (éste afecta fundamentalmente a la personalidad de sus protagonistas, y se manifiesta a través de la obsesión maníaca, el doble, el magnetismo y otras formas de control de la voluntad); 2) la intensificación de la cotidianidad (las historias se ambientan en un mundo que el lector reconoce como el suyo, y no en ámbitos legendarios o alejados en el tiempo y en el espacio); 3) el rechazo de la atmósfera y de los motivos ya tópicos en las narraciones góticas y legendarias (en sus relatos es marginal la presencia de fantasmas, resucitados, vampiros y otras figuras arquetípicas del mundo sobrenatural). (Roas 2009: 9)

Para ejemplificar lo anteriormente señalado analizaremos uno de los relatos más conocidos de Hoffmann, *Der Sandmann*. Nos centramos en esta obra no porque exista una influencia directa en los cuentos de Pardo Bazán, sino porque nos sirve para explicar técnicas y procedimientos de lo fantástico y porque entendemos que esta narración es una de las que refleja lo fantástico *hoffmaniano* en estado puro. A su vez, la escogemos porque consideramos que es uno de los cuentos a los que tuvo acceso Pardo Bazán y por lo tanto pudo haber influido de forma directa en su concepción de lo fantástico –los datos que argumentan esta relación se darán en el apartado "E.T.A. Hoffmann y Emilia Pardo Bazán" del presente trabajo–.

*Der Sandmann* ve la luz en 1817 inserto en la colección de relatos *Nachtstücke* (*Cuentos nocturnos*). Este cuento representa el libre juego de la fantasía, donde realidad y ficción quedan desdibujadas, como si habláramos de un reflejo deformado que nos devolviese un espejo: "Vielleicht wirst du, o mein Leser! dann glauben, daß nichts wunderlicher und toller sei, als das wirkliche Leben und daß dieses der Dichter doch nur, wie in eines matt geschliffnen Spiegels dunklem Widerschein, auffassen könne" (Hoffmann 2009: 27)[7]. Desde siempre ha existido una desconcertante y misteriosa fascinación por la cara oculta del ser humano; con esta fascinación se vincula no solo lo insuficiente de la normalidad, sino también la necesidad de conocer formas alternativas de experimentar esa realidad. Hoffmann representa en sus textos de forma magistral la unión entre normalidad y locura, racionalidad y misticismo, lo burgués y lo artístico (cf. Bekes 2006: 6–7).

Nathanael, el protagonista del relato, es un joven que tras un trauma infantil parece perder el rumbo de su vida, convirtiéndola en un espacio en el que realidad y ensoñación se difuminan. Este trauma tiene como base la misteriosa muerte de su padre, que hará que Nathanael crea que el hombre de la arena[8] no es un personaje sacado de las leyendas populares, sino que es real. Hoffmann, sin embargo, consigue que la duda de Nathanael embriague al lector, por lo que el género de lo fantástico, según lo descrito por Todorov, alcanza con este relato uno de sus máximos exponentes, la incertidumbre es constante.

La historia comienza con un triple intercambio de cartas entre Nathanael, Clara (su prometida) y Lotario (el hermano de Clara). El protagonista escribe a Lotario relatándole el hecho insólito que le acaba de acontecer: cree haberse reencontrado con el hombre al que él reconoce como el hombre de la arena, lo que le ha hecho revivir una experiencia de su niñez. Cuando Nathanael era pequeño se tenía que ir muchas noches, junto con su hermana, más temprano a la cama bajo la amenaza de la madre de que si no vendría el hombre de la arena. Intrigado por saber quién era ese misterioso personaje pregunta a su madre, si bien esta niega la existencia

---

7    "Quizá entonces creas, ¡oh lector mío!, que no hay nada más extraño y fantástico que la vida real, y que el poeta solo puede aprehenderla como en el oscuro reflejo de un espejo mal pulimentado" (Hoffmann 2007: 296).

8    Personaje de la mitología germana y nórdica. En la mayoría de versiones suele ser un personaje bondadoso y amable, en contraposición a la descripción que de él se da en el relato *Der Sandmann* de Hoffmann. Podríamos compararlo con el coco o al hombre del saco.

del mismo. Sin embargo, la vieja criada le relata una leyenda basada en el folklore popular:

> Das ist ein böser Mann, der kommt zu den Kindern, wenn sie nicht zu Bett gehen wollen und wirft ihnen Händevoll Sand in die Augen, daß sie blutig zum Kopf herausspringen, die wirft er dann in den Sack und trägt sie in den Halbmond zur Atzung für seine Kinderchen; die sitzen dort im Nest und haben krumme Schnäbel, wie die Eulen, damit picken sie der unartigen Menschenkindlein Augen auf. (Hoffmann 2009: 13)[9]

Este relato impacta profundamente a Nathanael, quien, al darse cuenta de que las noches que debe acostarse más temprano coinciden con la llegada de un misterioso visitante, decide colarse en el estudio de su padre para descubrir la verdad. Escondido en el armario observa a su padre y a otro hombre al que reconoce, el abogado Coppelius:

> Der Sandmann, der fürchterliche Sandmann ist der alte Advokat Coppelius, der manchmal bei uns zu Mittage ißt! Aber die gräßlichste Gestalt hätte mir nicht tieferes Entsetzen erregen können, als eben dieser Coppelius. –Denke Dir einen großen breitschultrigen Mann mit einem unförmlich dicken Kopf, erdgelbem Gesicht, buschigen grauen Augenbrauen, unter denen ein paar grünliche Katzenaugen stechend hervorfunkeln, großer, starker über die Oberlippe gezogener Nase. (Hoffmann 2009: 15)[10]

Tras esta desagradable imagen, Nathanael cree ver a Coppelius y su padre trabajando junto a un horno del que salen llamaradas azules, alrededor de las cuales se le aparecen figuras humanas sin ojos. Todo ello hace que el pequeño se desvanezca y vea a Coppelius echarse encima de él para intentar

---

9 "Es un hombre malvado que, cuando los niños no quieren irse a la cama, viene y les echa a los ojos puñados de arena, de forma que les saltan ensangrentados de la cabeza; entonces los mete en un saco y se los lleva a la media luna para dar de comer a sus crías; éstas están allí en medio del nido y tienen el pico curvo, como los búhos, y con él pinchan los ojos de los niños malcriados" (Hoffmann 2007: 283).

10 "¡El Hombre de Arena, el terrible Hombre de Arena, es el viejo abogado Coppelius, que a veces come en nuestra mesa!... Y sin embargo, ni la más espantosa de las figuras hubiera podido producirme más profundo espanto que este Coppelius... imagínate un hombre alto, de anchos hombros, con una cabeza gruesa e informe, rostro terroso y amarillento, cejas grises y espesas bajo las que centellean punzantes unos verdosos ojos de gato; una fuerte y gran nariz curvada sobre el labio superior" (Hoffmann 2007: 285).

arrancarle los ojos. El muchacho cae enfermo y cuando parece recuperarse su padre muere en una explosión producida en el estudio donde, de nuevo, estaba trabajando con Coppelius.

Estos acontecimientos conforman el desencadenante que hará que la posterior interpretación del mundo por parte del chico sea confusa, pues no sabrá diferenciar realidad de ensoñación, ya que personifica en Coppelius a un personaje fantástico, el hombre de la arena. En la carta que Nathanael manda a Lotario, transcurridos ya años desde este episodio, relata lo que le ocurrió en su niñez y comenta que ha vuelto a ver a Coppelius, aunque este se hacía pasar por otro hombre, el vendedor de barómetros Coppola. La semejanza entre los apellidos hace que el lector entre en el mundo de irrealidad de Nathanael, pero Hoffmann, magistralmente, hace resurgir de nuevo la duda, tanto en nosotros como en Nathanael, a través de la contestación de Clara a esa carta. El elemento epistolar es clave a la hora de crear confusión en el lector, pues en el texto *Der Sandmann* encontramos tres voces diferentes: las de Nathanael y Clara y una tercera carta escrita desde el punto de vista de un narrador omnisciente. La lucha entre irrealidad y realidad está encarnada por Nathanael y Clara respectivamente; es por ello por lo que la incertidumbre y la duda van a mantenerse durante todo el relato. Clara, con su respuesta, consigue tranquilizar a Nathanael, pues presenta los hechos como una serie de casualidades explicables racionalmente. Nathanael pasa unos días en la casa de campo donde viven Clara y Lotario, alejado de la gran ciudad en la que estudia, y parece reponerse de la angustia producida por la visión de Coppola. Sin embargo, de vuelta a la ciudad encuentra que su casa se ha incendiado y debe vivir en una nueva, situada en frente de la del profesor Spalanzani. Estando allí ubicado, Coppola llama de nuevo a su puerta, pero esta vez, y tras el racionalismo que parece que Clara ha conseguido insuflar en él, decide comprarle unos anteojos. Con ellos comienza a espiar la casa del profesor Spalanzani, percatándose de que su hija, Olimpia, está siempre sentada al lado de la ventana, lo que le permite una observación constante de la joven, y el consiguiente enamoramiento de Nathanael. Pasado un tiempo es invitado a una fiesta en casa del profesor donde conoce a Olimpia, la misteriosa muchacha de la ventana. Este personaje resulta extraño, tanto para el lector como para todos los demás personajes del relato, exceptuando a Nathanael. Una de las características que definen a Olimpia es su forma de comunicarse, pues las únicas palabras que Nathanael consigue robarle son: "Ach – Ach – Ach!" (Hoffmann 2009: 40)[11]. A pesar de ello, el protagonista decide casarse con ella. Un día Nathanael se acerca a la casa del profesor Spalanzani para visitar a su prometida y se topa con una escena que de nuevo hará que su concepción de la realidad se vea trastocada. Encuentra entre gritos a Coppelius –mencionado así de nuevo, pero con el aspecto de Coppola, por lo que queda claro que sí eran la misma persona y que Nathanael había acertado en sus elucubraciones– peleando con Spalanzani por el cuerpo de Olimpia. Es este uno de los momentos álgidos de la obra, pues se descubre que Olimpia es una autómata construida por el profesor y cuyos ojos, fabricados por Coppelius, yacen ahora ensangrentados en el suelo. Para Ernst Jentsch la figura de la autómata sería el elemento siniestro por antonomasia, algo de lo que Sigmund Freud discrepará: "*Jentsch* destacó, como caso por excelencia de lo siniestro, la «duda de que un ser aparentemente animado, sea en efecto viviente; y a la inversa: de que *un objeto sin vida esté en alguna forma animado*», aduciendo con tal fin, la impresión que despiertan las figuras de cera, las muñecas «sabias» y las autómatas" (Freud 2001: 18).

Finalmente, y tras una estancia en la casa de campo con Clara, parece que todo vuelve a la normalidad. Pero la incertidumbre no abandona el texto: durante un paseo de los amantes por la ciudad deciden subir a una torre para disfrutar de las vistas. Estando arriba, Nathanael usa su catalejo para escudriñar unos arbustos, pero ante él ve la imagen de Clara, que le hace recordar lo ocurrido con Olimpia. En este momento, el joven parece volverse loco e intenta tirar a Clara torre abajo. La chica es salvada por su hermano, y tras estas palabras de Coppelius: "Ha ha –wartet nur, der kommt schon herunter von selbst" (Hoffmann 2009: 49)[12], Nathanael se lanza al vacío.

La biografía de Nathanael es la historia de la ruina y caída de un hombre. En un primer momento parece que el desarrollo negativo de la historia se debe a un *shock* infantil, a una forma errónea de percepción de la realidad, pero su personalidad se desmorona y el final trágico es previsible. El protagonista crece en el seno de una familia burguesa entre tensiones

---

11 "¡Ah...Ah...Ah...!" (Hoffmann 2007: 308).
12 "Ja, ja... esperad, él bajará por sí mismo" (Hoffmann 2007: 317)

familiares, suspenses y elementos que se escapan a su percepción (como las misteriosas visitas de Coppelius), por ello se introduce en el mundo de la fantasía, de lo misterioso. Al ser susceptible a todas estas historias no es de sorprender que tome como real la leyenda del hombre de la arena. Nathanael no consigue diferenciar ficción y realidad y en su mente se entremezclan continuamente recuerdos, realidad, ilusiones, diferentes percepciones de la realidad, fantasía, etc. Olimpia representa el espejo en el que sus propias fantasías se reflejan, con su ruptura él pierde su base existencial. La figura de Nathanael se ha interpretado como representación del artista romántico, como el incomprendido, trágicamente aislado y en su faceta «profética», su muerte se vaticina en el poema sobre el demoniaco Coppelius (cf. Hoffmann 2009: 30–31).

La construcción de Nathanael, desde nuestro punto de vista, representa a la perfección lo expuesto por Todorov, pues se mueve constantemente entre la duda de considerar real o irreal los sucesos que le acontecen. Es muy interesante la precisión que hace a este respecto Esteban Martín: "la duda todoroviana o fantástica no es encarnada por un personaje, sino que corresponde a la mentalidad romántica" (Esteban Martín 1999: 192). Como se señaló en el apartado anterior, no solo debe dudar el lector, sino que debemos introducirnos en el mundo de los personajes y analizar la historia desde su mundo y su punto de vista. La identificación entre lector y personaje era una de las tres condiciones que conllevaba la construcción del género, y aunque no es imprescindible, sí consigue reforzar los efectos de lo fantástico: "[...] esta vacilación puede ser también sentida por un personaje de tal modo, el papel del lector está, por así decirlo, confiado a un personaje y, al mismo tiempo la vacilación está representada, se convierte en uno de los temas de la obra; en el caso de una lectura ingenua el lector real se identifica con el personaje" (Todorov 1995: 30). En este relato de Hoffmann consideramos que Clara es el personaje con el que más fácilmente puede identificarse el lector, pues plantea la posibilidad de que los hechos ocurridos sean explicados racionalmente. No será hasta el final de la obra cuando el protagonista opte por una de las dos respuestas plausibles a lo ocurrido. En este momento lo fantástico se difumina, pues como explica Todorov, el hecho de lo fantástico es momentáneo y termina en cuanto personaje o lector se decantan por una de las dos posibilidades. Clara, sin embargo, es la representante del pensamiento racional, pues donde

Nathanael ve elementos que podríamos considerar extraños, sobrenaturales, ella los atribuye a conflictos psicológicos internos del protagonista y considera la escena de Coppelius como un producto de su fantasía. Olimpia representa todo lo contrario, en ella se proyecta Nathanael, la ilumina con sus deseos, es él quien le da la vida. En el amor que Nathanael siente por Olimpia, Hoffmann se distancia de forma irónico-crítica de una falsa comprensión del amor romántico, Nathanael realmente se ama a sí mismo: "Si lo fantástico se caracteriza, según Todorov, por la ambigüedad del discurso, la ironía es, [...] precisamente el recurso generador de este efecto, al menos en este relato [*Der Sandmann*]" (Esteban Martín 1999: 189–190). La ironía resulta patente durante toda la obra, sobre todo en la construcción del protagonista como poeta romántico, enajenado. Un papel muy importante en la construcción de esta ironía, lo juega Coppelius/Coppola; él es el principio interno y externo de la historia, ficción y realidad a un mismo tiempo.

Queda de manifiesto que *Der Sandmann* cumple con las condiciones necesarias de lo fantástico. Por tanto, lo fantástico *hoffmaniano* –que se argumenta aquí a partir de este relato– consiste en crear en el lector y en los personajes una incertidumbre, es decir, que no se pueda diferenciar la realidad de la ficción o el sueño y la cual, además, no tiene por qué quedar resuelta. Otro elemento característico de la narrativa de Hoffmann consiste en introducir diferentes motivos (como el de la autómata, el doble o el de los ojos), de tal forma que el personaje y el lector tengan que moverse entre la delgada línea que separa lo racional de lo irracional. Sin embargo, si Hoffmann es considerado el gran renovador del género fantástico, esto ha sido por su perfecta técnica para introducir elementos sobrenaturales en la cotidianidad. Lo fantástico, en muchos de sus relatos, se abre paso en la realidad, realidad que ha de ser reconocible por el lector, para así conseguir crear sorpresa en él, pues si esta no se diera estaríamos moviéndonos en el ámbito de lo maravilloso:

> Hoffman aportaba un elemento nuevo en el panorama literario, lo que Jean-Jaques Amperes [...] llamó «le merevilloux natural» [...] Hoffmann inauguraba un nuevo género en el que lo maravilloso se desarrolla entre hombres y no espectros, en situaciones de la vida cotidiana en las que se insinúa lo extraño, la alucinación y la locura [...] la novedad de los cuentos de Hoffmann estribaba en hacer convivir, «le merevilleux à côté de la vie bourgeoise» en palabras de Saint-Marc Girardin. (Fernández Sánchez 1992: 49)

Théophile Gautier, gran lector de Hoffmann, en su artículo *Les Contes d'Hoffmann*, publicado en *Chronique de Paris*, el 14 de agosto de 1836, señala: "Hoffmann, en effet, est un des écrivains les plus habiles à saisir la physionomie des choses et à donner les apparences de la réalité aux créations les plus invraisemblables. [...] Du reste, le merveilleux d'Hoffmann n'est pas le merveilleux des contes de fées, il a toujours un pied dans le réel. [...] C'est le positif et le plausible du fantastique" (Gautier 1883: 43–46).

Este uso de lo fantástico por parte de Hoffmann trasciende la renovación estética del género, pues detrás de la sorpresa fantástica se esconde, en algunos de sus relatos, una feroz crítica social: "Hoffmann descubre por medio de la fantasía lo monstruoso detrás de la fachada lisa de lo real, pero también la fantasía le proporciona la distancia frente a lo terrible que existe en la realidad" (Safranski 2007: 201).

# 3. Recepción de E.T.A. Hoffmann en España

En este apartado daremos noticia de algunas de las traducciones que se realizaron de los relatos de Hoffmann al castellano, así como de aquellas referencias al autor alemán en críticas periodísticas o en cuentos de autores españoles, para así establecer un marco contextual que ayude a entender la imagen que se tuvo de Hoffmann en España en el siglo XIX y cómo esta influyó en los escritos de otros autores. Hoffmann fue un autor conocido en España ya en la primera mitad del ochocientos, sobre todo debido a la repercusión que tuvo en Francia. Los cuentos de Hoffmann llegaron a través del país vecino y sus primeras traducciones se hicieron a partir de las versiones francesas. En 1830[13] nos encontramos con la primera mención a Hoffmann en lengua castellana en un artículo de Walter Scott, *On the Supernatural in Fictious Composition; and particularly on the Works of Ernest Theodore Hoffmann,* que fue traducido al castellano como *Ensayo sobre el uso de lo maravilloso en el romance.* El 8 de octubre de 1830 apareció en *El Correo, periódico literario y mercantil* (Madrid), una reseña sobre la *Nueva colección de Novelas de Sir Walter Scott,* cuyo Tomo III está precedido por el ensayo arriba mencionado, y que se presentaba de la siguiente forma: "[…] se hace elogio de la inagotable fantasía del autor para esta clase de composiciones, y se refieren rasgos curiosos del célebre Offmann [*sic*] compositor también en el mismo género" (Anónimo, 1830: 3). El artículo de Scott sienta precedente en la recepción de Hoffmann en España, creando una imagen muy negativa del artista alemán:

> [E.T.A. Hoffmann] fue un hombre de un talento singular; era a un tiempo poeta, dibujante y músico; pero por desgracia su temperamento hipocondríaco le condujo siempre a los extremos en todo lo que emprendió; así es que su música no fue más que un conjunto de sonidos extraños; sus diseños caricaturas; y sus cuentos, como él mismo dice, extravagancias (Scott 1830: 17–18).

---

13 La información sobre la mayoría de las referencias a la obra de Hoffmann que en este apartado se señalan ha sido tomada del artículo de Franz Schneider, *E.T.A. Hoffmann en España: apuntes bibliográficos e históricos* y de la obra de David Roas, *Hoffmann en España.* Las referencias que no correspondan a estas dos obras serán claramente citadas, señalando las fuente originales de las que han sido tomadas.

Si bien al comienzo de la cita parece destacar positivamente la faceta de *Totalkünstle*r (artista total) de Hoffmann, las afirmaciones posteriores son peyorativas. No debe sorprender este posicionamiento de Scott teniendo en cuenta que la primera parte del mencionado artículo puede considerarse una crítica a esas nuevas tendencias de lo fantástico:

> El gusto de los alemanes para lo misterioso les ha hecho inventar otro género de composición que puede ser no exista sino en su país y su lengua: este es el que se puede llamar el género *Fantástico* donde la imaginación se abandona a toda la irregularidad de sus caprichos, y a todas las combinaciones de escenas las más raras y las más burlescas. [...] este género es para el romance más regular, serio o cómico, lo que la farsa o el entremés, o más bien lo burlesco y lo pantomimo son para la tragedia y la comedia. Las transformaciones más imprevistas y las más extravagantes se hacen por los medios más inverosímiles; nada se encamina a modificar lo que es absurdo y repugnante para la razón. (Scott 1830: 16–17)

Scott analiza varias obras de Hoffmann, entre ellas *Der Sandmann*: "Nathanael, el héroe de este cuento, es un joven de un temperamento fantasmagórico e hipocondríaco, de una disposición poética y metafísica extraordinaria, y de una organización nerviosa más particularmente sujeta al influjo de la imaginación" (Scott 1830: 40). El autor inglés afirma que la predisposición de Nathanael hacia lo fantástico viene dada por un temperamento desmesurado, prácticamente la misma descripción que había hecho de Hoffmann, observemos, además, que la palabra "hipocondríaco" se repite en las dos citas. Scott deja ver que la fantasía es algo que corresponde a la mente de un enfermo más que a la de un escritor que ha conseguido crear una nueva forma de entender la literatura. Las críticas de Scott tuvieron mucha influencia en la intelectualidad española de la época, siendo así que muchos de los tópicos que presenta en este artículo los encontramos posteriormente en la concepción que se tuvo de Hoffmann y del género fantástico.

En enero de 1831 aparece en *El Correo, periódico literario y mercantil* (Madrid) la primera traducción al castellano de Hoffmann: *El sastrecillo de Sachsenhausen. Cuento fantástico* (*Tragische Geschichte eines Schneiderleins zu Sachsenhausen*)[14], texto localizado recientemente por Roas: "Debo

---

14 Fragmento de la *Sechstes Abenteuer* (Sexta Aventura) del relato de Hoffmann: *Meister Floh*, obra publicada por primera vez en 1822 tras una dura censura y que hasta 1908 no se editó completo.

señalar [...] que he podido localizar la primera traducción española de Hoffmann, aparecida en enero de 1831 de la que no se tenía noticia hasta ahora;
ello supone adelantar en seis años la publicación de su obra en español,
coincidiendo de ese modo con la edición de las primeras antologías de sus
relatos en Francia" (Roas 2002: 15). El 28 de febrero de 1831, se menciona
de nuevo, en el mismo periódico, a Hoffmann en un pequeño comentario
que precede la traducción de la balada *Leonore* de Bürger: "Burger [*sic*]
fue en este género de literatura el rival del famoso Hoffmann, del que se
ha dado ya una prueba en el canto del *Sastrecillo*[15], inserto en uno de los
números de este periódico" (Anónimo 1831: 2).

A mediados de los años 30 del XIX aparecen de nuevo varias referencias
a Hoffmann en la revista *El Artista* (Madrid). La cita que consideramos
más relevante es la que aparece en 1836, con la publicación del relato *Yago
Yasck (Cuento fantástico)* de Pedro de Madrazo: "Lo mismo que una de
aquellas caras terríficas, que cree uno ver después de haber leído a Hoffman
[*sic*] o visto un cuadro de Callot[16], en una noche de insomonía [*sic*], se pre-
sentó al través de los vidrios de un balcón que mandaba su claridad a una
lóbrega callejuela, el perfil irrisorio de una cabeza horrible..." (Madrazo
1836: 31).

En 1837 se publica la segunda traducción al castellano de otro relato
de Hoffmann, *La Lección de Violín (Cuento fantástico)*[17] (*Der Baron*

---

15  La nota al pie que acompaña a esta referencia en el artículo de Schneider es la
    siguiente: "A pesar de una busca detenida, no se halló el *Sastrecillo*. Hay que
    tener en cuenta en eso que los periódicos de aquella época se hallan rarísima vez
    completos" (1927: 281). Queda patente que el texto del Sastrecillo, localizado
    por Roas, si bien no se conocía a comienzos de XX, los lectores del XIX sí tenían
    consciencia del mismo y por tanto de la narrativa de Hoffmann.

16  La primera colección de cuentos de Hoffmann publicada en Alemania, los volú-
    menes I–III en 1814 y el IV en 1915, se tituló *Fantasiestücke in Callots Manier*
    (*Piezas fantásticas a la manera de Callot*) con el subtítulo *Blätter aus dem
    Tagebuche eines reisenden Enthusiasten* (*Hojas del diario de un viajero entu-
    siasta*); edición precedida por un prólogo de Jean Paul (Grobe 2008: 24–25).
    (N. de la E.)

17  El original alemán se publicó por primera vez anónimo bajo el título *Der Baron
    v. B.* Ahora se conoce este cuento bajo el título *Der Schüler Tartanis* (cf. Schnei-
    der 1927: 281).

*von B)*[18], inserto en el tomo III de la una colección de novelas extranjeras llamada *Horas de Invierno*[19].

En 1839 se publica la primera colección de cuentos de Hoffmann en castellano: *Cuentos fantásticos escogidos y vertidos al castellano por Don Cayetano Cortés*. Los cuentos incluidos, en dos tomos, son: *Salvador Rosa (Signor Formica)*, *Aventuras de la noche de San Silvestre* (*Die Aventeuer der Silvester-Nacht*), *Maese Martín el tonelero y sus oficiales* (*Meister Martin der Knüpfer und Seine Gesellen*) y *Marino Falieri* (*Doge und Dogaresse*). Roas afirma: "Cortés no tradujo los textos directamente del alemán, sino que vertió al castellano la traducción de Loève-Veimars, como evidencia el calco que hace de los títulos que este último inventó para dos de los cuentos: *Salvator Rosa* y *Mariano Falieri*" (Roas 2002: 54). La primera reseña sobre esta obra fue escrita por Salvador Bermúdez y se publicó en la revista *El Piloto* (número 17, del 17 de marzo de 1839, Madrid) con el título *Los cuentos de Hoffmann*. Encontramos varios puntos importantes en esta crítica, en primer lugar el hecho de mencionar la fusión que se da en los textos de Hoffmann entre realidad e irrealidad:

> La imaginación se cansa al fin de seguir el vuelo atrevido del escritor: sus cuentos fatigan porque no permiten el reposo, porque no dejan distracción ninguna al entendimiento. El mundo aparece en ellos bajo un prisma encantador: las escenas más triviales se animan: los objetos más vulgares se idealizan, por decirlo así, y la mágica armonía de su estilo singular acompaña la elevación del pensamiento. A cada paso encuentra el lector confundida la vida de la materia con la vida del espíritu: no hay linderos que marquen los límites de los dominios de ambas potestades [...]. Hoffmann es tal vez exagerado, porque apenas nunca puede quedarse en los límites de la vida real [...]. (Bermúdez 1839: 1)

Bermúdez achaca la fantasía de Hoffmann a características personales, tales como la imaginación desbordante que le hacía crear una realidad paralela llena de seres de otro mundo, o su afición a la bebida; y por otro lado a la concepción que se tenía de Alemania, como lugar oscuro y casi maravilloso, perfecto como marco espacial para este tipo de relatos:

---

18 Breve relato musical que forma parte de la colección de cuentos de E.T.A. Hoffman: *Die Serapionsbrüder* (1819–1821).

19 Impreso en Madrid en 1837 en la imprenta de D.T. Jordán, ocupa las páginas 319–336, de la edición citada en la bibliografía como: VV.AA. 1837.

Su vida estuvo siempre atormentada por los fantasmas de su imaginación: frecuentemente pasaba noches de insomnio y de delirio contemplando las visiones de su genio apasionado: en la soledad del campo, en el tumulto de las fiestas, en el pacífico retiro de su casa, el filósofo temblaba y temía porque los duendes, las brujas y los genios, malhechores unas veces, benéficos otras, no le abandonaban jamás. [...] La cualidad que domina en todos sus escritos es la originalidad, reflejo fiel de su carácter raro y de su método de vida. [...] En la oscuridad de los inviernos alemanes pueden habitar los duendes [...] una imaginación vehemente puede poblar de espíritus la soledad triste que le rodea. Así Hoffmann, en quien tanto influjo tenía la imaginación, fue esclavo siempre de las visiones que producía: así su vida fue la vida solitaria de la taberna alemana: apoyado en una mesa cubierta de jarras de cerveza, y envuelto en las nubes de humo que levantaba su pipa, así Hoffmann se entregaba a los caprichosos delirios de su acalorada fantasía. (Bermúdez 1839: 1)

Al igual que Scott, Bermúdez aun considerando la figura de Hoffmann como extravagante, no obvia su faceta como *Totalkünstler*:

Su existencia fue una lucha continua entre su fantasía y su corazón, porque Hoffmann poseía esa instrucción sólida y profunda, poco común en los habitantes del mediodía, pero tan necesaria para colocarse al nivel de los hombres ilustrados de Alemania: todos sus bastos conocimientos empero los aplicaba al arte: todo en él venía a parar la expresión íntima del alma, porque Hoffman era músico, pintor y era poeta. (Bermúdez 1839: 1)

El 16 de abril de 1839, Enrique Gil y Carrasco publicó en el *Correo Nacional* (Madrid), una reseña a la ya citada aparición del volumen de cuentos de Hoffmann en la que "pretende demostrar que las obras de Hoffmann no adolecen de los defectos que les achacaba Scott: forma confusa, falta de significación lógica, ser ajenas a las reglas del buen gusto, estar desnudas de verdad, etc." (Gil y Carrasco 1839). Pero no solo juzga a Hoffmann de manera diferente que Scott, sino que le califica como "admirable alemán" y alaba su fecunda fantasía:

Su imaginación, su organización física, su sensibilidad exquisita, su carácter irritable, sus creencias pueriles y supersticiosas, sus pensamientos ora risueños, ora sombríos; ya elevados y terribles, ya grotescos y ridículos le convertían en un ser excepcional, presa de mil contrarias sensaciones y vago e indeciso en sus ideas. El medio con el que observaba y escudriñaba la naturaleza, era un prisma de encanto particular, que hacia pasar por delante de sus ojos el mundo físico y moral como variedad infinita de fases y colores que todo lo confundía y mezclaba en su cabeza, agrupando los objetos en mil combinaciones caprichosas e inauditas. (Gil y Carrasco 1839: 1–2)

Es este un artículo de carácter más positivo que los de Scott y el de Bermúdez (debemos señalar que Gil y Carrasco ya había publicado el 11 de enero de ese mismo año una reseña sobre la comedia *La estrella de oro*, en el periódico *El Correo Nacional* (Madrid), en la que reivindicaba lo fantástico). Gil y Carrasco resalta el espíritu de crítica social que encuentra en los textos de Hoffmann: "El espíritu de análisis y de duda que en todo muestra la época actual y la condición que pone a toda obra de arte de instruir, además de deleitar hacen casi del todo imposible una reputación firme y sólida que únicamente se fundara en la habilidad de entretener y divertir" (Gil y Carrasco 1954: 487–488). Es también importante señalar que en esta reseña se hace mención al cuento *Der Sandmann* (Gil y Carrasco 1954: 488), por lo que queda confirmado el conocimiento de esta obra de Hoffmann ya en la primera mitad del siglo.

En 1840 encontramos otra referencia a Hoffmann, inserta en un cuento de Clemente Díaz, *Un cuento de vieja*, en el que se repiten algunos de los tópicos sobre Hoffmann que Scott ya había mencionado en su artículo:

> Ni Goya pudo imaginar en sus ratos de inspiración un grupo tan pintoresco como el que formaba esta colección de entes atezados y miserables; ni Hoffmann, en sus momentos de embriaguez, soñar tamaños abortos como los que narró a su auditorio la respetable posadera con una gravedad doctoral. (Díaz 1840: 13)

*Die Abenteurer der Silvester-Nacht* y *Das Majorat* fueron publicados en el año 1841 como *El reflejo perdido* (incluido en la *Revista de Teatros*, t. I, 6ª entrega) y *El mayorazgo. Cuento fantástico* (como parte de la «Colección de Cuentos fantásticos y sublimes», t. III, Impr. y Librería de Establecimiento Central, Madrid), respectivamente. En 1843 apareció el cuento *Der Kampf der Sänger* traducido como *Los maestros cantores. Cuento nocturno*, incluido en la colección «Biblioteca continua de obras literarias y amenas, históricas y piadosas para todos los genios, edades y condiciones», Impr. y Casa de la Unión Comercial, Madrid. En 1845 se publicó *Der Magnetiseur*, bajo el nombre de *Fascinación. Cuento fantástico*, en la colección «Museo de las hermosas. Colección de las más escogidas e interesantes novelitas que se publican en el extranjero», tomo I, traducida por Víctor Balaguer, Impr. de W. A. de Izco, Madrid. Estas publicaciones demuestran que los relatos de Hoffmann no solo se reprodujeron en periódicos, sino que fueron incluidos como parte de colecciones de cuentos extranjeros. A la vista de estos datos, podemos afirmar la importancia que ya a mediados de siglo había conseguido el autor alemán.

En 1847 aparece un tomo llamado *Obras completas de E.T.A. Hoffmann. Cuentos fantásticos traducidos por D.A.M. y adornados con primorosas láminas abiertas en acero por el distinguido artista D. Antonio Rosa,* Impr. de Llorens hermanos, Barcelona. La colección consta de cuatro volúmenes y veinticuatro cuentos traducidos[20]. En el primer tomo encontramos *Der Sandmann* traducido como *El hombre de la arena.* Este relato no se volverá a publicar hasta 1887, como parte del volumen *Cuentos fantásticos.* Durante los años 50, 60 y 70 se sucedieron las publicaciones de cuentos y referencias en periódicos y revistas, aunque más espaciadas en el tiempo. Una de las referencias que consideramos más importante es la aparecida en 1862 en una disertación escrita por Antonio Alcalá Galiano: «De la Novela», publicada en los número 12 a 17 del periódico *La América, Crónica Hispanoamericana* (Madrid), en la que en su última entrega se dice: "Hoffmann está contado y merece estarlo, entre los autores más notables, y sus desatinos embelesan a veces, venciendo el autor la no corta dificultad que hay en desatinar con acierto" (Alcalá Galiano 1862: 12). En 1870, en el «Prólogo» a las *Obras de Gustavo Adolfo Bécquer,* Ramón Rodríguez Correa menciona a Hoffmann y a los hermanos Grimm comparándolos con las leyendas de Bécquer. En los 90 encontramos publicada la traducción de la obra de Hoffmann, *Das Fräulein von Scuderi (Mademoiselle de Scudéri)*[21], en cuyas primeras páginas se incluye una breve biografía de Hoffmann.

Durante el primer decenio del siglo XX las publicaciones del autor alemán no dejan de aparecer. En 1905 volvemos a encontrarnos con la publicación de *El hombre de la arena* en un tomo de *Cuentos Fantásticos de Hoffmann.* En 1909, en el artículo realizado por Ángel Guerra, *El Centenario de Edgard Allan Poe*, se mencionará de nuevo a Hoffmann: "con quien tiene más directo parentesco [Poe] es con Hoffmann, también neurótico, y también de una fantasía desbordante" (Guerra 1909: 135). Franz Schneider apunta que la idea del autor alemán cada vez se aleja más de

---

20  Los títulos originales y las traducciones de estos cuentos, clasificados por tomos, aparecen recogidos en: Roas 2002: 248–249.
21  Traducción de J. de C., Ilustraciones de Klong; Madrid, A. Avrial, 1898.

la estereotipada en el XIX (Schneider 1927: 287) según avanza el siglo XX se irán difuminando las ideas preconcebidas sobre Hoffmann, en gran medida creadas a través del artículo de Scott y su posterior reproducción por escritores y críticos del XIX.

Consideramos necesario, para cerrar este apartado, volver a hacer hincapié en que la recepción de Hoffmann en España se hizo a través de Francia y en que las primeras traducciones estuvieron basadas en versiones francesas. Roas lo confirma cuando analiza la publicación de la colección de *Cuentos fantásticos escogidos y vertidos al castellano por Don Cayetano Cortés*, Impr. de Yenes, Madrid, en 1839, que considera una traducción de la versión francesa de François-Adolphe Loève-Veimars. Por ello es importante señalar algunos aspectos de estas traducciones francesas para ver cómo fueron las españolas: "La traducción [francesa] evita las descripciones que ridiculizan a los personajes, pues así se disipa el efecto fantástico. [...] simplifica la sintaxis, modera el comportamiento de los personajes para que no parezcan extravagantes o ridículos" (Pérez Gil 1993: 170). Las versiones al castellano que llegaron a través de las traducciones francesas presentan una calidad narrativa un tanto desmejorada de los textos de Hoffmann, si bien la creación de lo fantástico a través de la fusión entre fantasía y realidad no pierde su efecto.

# 4. E.T.A. Hoffmann y Emilia Pardo Bazán

Juan Paredes Núñez afirma que "En España [el cuento fantástico] aparece como una imitación de los cultivados en otros países, especialmente los de Hoffmann y, más tarde, Poe, modelos que alcanzaron notable difusión en distintas literaturas nacionales" (Paredes Núñez 1979: 300–301), por lo que sería lícito pensar que Pardo Bazán como gran lectora y creadora de cuentos conocería algunos de los textos de Hoffmann. Esta hipótesis quedará demostrada tanto por las referencias explícitas al autor alemán que hemos encontrado en la obra de Pardo Bazán, como a través del análisis de los volúmenes de la biblioteca de la autora.

La biblioteca personal de Pardo Bazán, que estuvo albergada en el Pazo de Meirás y actualmente está en manos de la Real Academia Galega, sufrió en 1978 un terrible incendio que destruyó muchos de los volúmenes y deterioró otros tantos, por lo que no tenemos un catálogo exacto de los libros que componían dicha biblioteca. Sin embargo, entre los que se conservaron hemos encontrado dos ejemplares de una misma colección de cuentos de Hoffmann en su traducción francesa y castellana: *Contes fantastiques d'Hoffmann/* traduction nouvelle par X. Marnier. Paris: Charpentier, 1869, 456 p.; 19 cm. (Fernández-Couto Tella 2005: 272) y *Cuentos fantásticos*, de E. Teodoro Hoffmann / traducción de Enrique L. de Vernueil; ilustración de F. Xumetra. Barcelona: Daniel Cortezo y Cia. 1887, 335p.: il.; 21 cm (Biblioteca Arte y Letras) (ibídem.). Esta colección recoge los siguientes cuentos: *La fascinación* (*Der Magnetiseur*), *El canto de Antonia* (*Rat Krespel*), *El misterio de la casa desierta* (*Das öde Haus*), *El reflejo perdido* (*Die Abenteuer der Silvester-Nacht*), *Coppelius* (*Der Sandmann*), *Annunziata* (*Doge und Dogaresse*), *La puerta tapiada* (*Das Majorat*) y *Olivero Brusson* (*Das Fräulein von Scuderi*). Como podemos comprobar, la obra *Der Sandmann* aparece en este volumen aunque no traducida como *El hombre de la arena*, sino como *Coppelius*. Nos parece interesante señalar en este punto que en la biblioteca personal de Pérez Galdós también se encontró un volumen de 1856 titulado *Contes posthumes de Hoffmann* (Martínez Santa 1990: 157), por lo que deducimos que los grandes novelistas realistas del XIX, que también fueron importantes cuentistas, tuvieron constancia de la obra *hoffmaniana*.

A la vista de lo expuesto se puede concluir que Pardo Bazán conocía, al menos, parte de la obra de Hoffmann y que seguramente había leído alguno de sus relatos. Además, hemos encontrado referencias al autor alemán en su obra. En el capítulo VII de su primera novela, *Pascual López* (1879), hace mención a la importancia de Hoffmann como cuentista y a la fantasía de sus relatos: "Hoffmann, el inimitable cuentista, soñaba despierto con trasgos, hechicerías, espectros y apariciones" (Pardo Bazán 1999a: 94). Pardo Bazán tenía noticia de Hoffmann en los años 70 y lo consideraba lo suficientemente influyente e importante como para mencionarlo en su primera novela calificándolo como "inimitable cuentista". Otra referencia intraliteraria la encontramos en las primeras líneas del cuento *Un destripador de antaño* (1890): "Volvió a aparecérseme, como fantasmagórica creación de Hoffmann, en las sombrías y retorcidas callejuelas de un pueblo que hasta hace poco permaneció teñido de colores medievales, lo mismo que si todavía hubiese peregrinos en el mundo y resonase aún bajo las bóvedas de la catedral el himno de *Ultreja*" (Pardo Bazán 1890: 5).

Sin embargo las referencias no se limitan a sus obras literarias, sino que también las encontramos en sus textos teóricos. Debemos recordar la importancia de Pardo Bazán como estudiosa de la literatura, pues fue una gran conocedora de la literatura francesa y alemana, aunque sus textos teóricos estén más centrados en el análisis de la primera. La autora gallega escribió tres volúmenes titulados *La literatura francesa moderna*, y en el primero de ellos, *El Romanticismo*, hace mención a Hoffmann: "Entre otros rasgos peculiares de Dumas debemos contar su destreza para el *pasticcio*. Hay entre sus obras una serie de cuentos imitando tan bien la manera tétrica y terrorífica de Hoffmann y de Edgardo Poe, que solo los inteligentes pueden distinguirlo, como solo un experto distingue la piedra falsa de la verdadera" (Pardo Bazán 1911a: 232). En esta cita encontramos cierta reflexión teórica sobre el modo de escritura de Hoffmann, pues además de acercar a sus creaciones las de Poe como continuador del mismo, menciona ciertos elementos que ella considera importantes en su narrativa: lo tétrico y lo terrorífico, que podemos entender como variantes de lo siniestro, elemento clave de la narrativa *hoffmaniana*.

La última referencia a Hoffmann que hemos encontrado forma parte del segundo volumen de *La literatura francesa moderna, La Transición*: "Lo dramatizado en Balzac –hasta cuando la imaginación y no la realidad es la que suministra el terror dramático, sin cuidarse de la verosimilitud– es siempre *fuerte* y ejerce sugestión, mayor que la ejercida por otros escritores, excepto por Edgardo Poe y Hoffmann" (Pardo Bazán 1911b: 137). La negación que se hace en esta cita, "la imaginación y no la realidad es la que suministra el terror dramático", aporta una idea clave sobre la que ya hemos trabajado en este estudio: incluso al dejar de lado la realidad –el ámbito propio para la presentación de lo fantástico *hoffmaniano*– se usa la imaginación para crear ese terror dramático, o lo que podemos llamar el efecto de lo siniestro, Balzac es un experto equiparable tan solo a Hoffmann y a Poe.

Todo lo mencionado anteriormente nos permite pensar en una posible impregnación de lo fantástico *hoffmaniano* en algunos cuentos de la producción de Pardo Bazán: "Las «influencias», cualquiera que sea su tipo y su volumen, ya no se explican casual-genéticamente de obra a obra, de autor a autor, de nación a nación; más bien han de insertarse como «recepción productiva» en un proceso muy complejo de recepción, en el que participan tres instancias: autor, obra, público" (Moog-Grünewald 1984: 75). En apartados anteriores de este trabajo se ha investigado cómo fue la recepción de Hoffmann por parte del público español, desde el momento de su primera publicación al castellano en el siglo XIX hasta finales de siglo. Líneas arriba también hemos comprobado la lectura que Pardo Bazán hizo de la obra de Hoffmann y en los siguientes apartados analizaremos cómo la autora creó relatos novedosos estimulada por ciertas lecturas de las obras de Hoffmann.

## 4.1 Pardo Bazán y el cuento fantástico

El cuento fantástico en España fue "una imitación de los cultivados en otros países, especialmente de los de Hoffmann" (Baquero Goyanes 1949: 236). Siendo Pardo Bazán la cuentista más prolífica del XIX (Paredes Núñez 1979: 1) y contando entre sus relatos con algunos que han sido clasificados como fantásticos, no podemos descartar la idea de que estos estuvieran influenciados por sus lecturas del autor alemán. Conservamos aproximadamente unos seiscientos cuentos de esta autora, siendo prácticamente imposible dar un número exacto de los mismos por la dificultad que conlleva su recopilación, ya que muchos aparecieron en la prensa de la época con la dispersión que esto supone. Su primer cuento *Un matrimonio del siglo XIX*, fue publicado en *Almanaque de La Soberanía Nacional* (Madrid), en 1866, cuando la autora tenía tan solo catorce años. Emilia Pardo Bazán fue una asidua escritora de cuentos y si bien hasta finales del XIX esta labor fue más lenta debido a la publicación de sus grandes novelas y obras críticas, desde 1890 el cuento va a ser el género más usado para la expresión de su escritura (cf. Paredes Núñez 1979: 8).

En la "Introducción" ya señalamos que el cuento encontró en la prensa su mejor forma de expresión, por lo que no sorprende que los relatos de la autora gallega vieran de tal manera la luz:

> La autora colaboró con numerosas revistas y periódicos de índole muy diferente. A algunos solo enviaba sus cuentos de manera ocasional: *Madrid Cómico, Nuevo Mundo, Nuestro tiempo, La Ilustración Ibérica*, etc. *Por el contrario, colaboró de una manera asidua en El Imparcial, El Liberal, El Heraldo, Blanco y Negro, La Esfera, La Ilustración Española y Americana*, etc. (Paredes Núñez 1979: 8)[22]

La nómina de cuentos fantásticos de Emilia Pardo Bazán varía dependiendo del crítico que los estudie, pues el calificativo de fantástico fue añadido con posterioridad a la publicación de sus relatos. Paredes Núñez, en su obra *Los cuentos de Emilia Pardo Bazán* (1979), sitúa los siguientes relatos bajo la etiqueta de cuentos fantásticos: *La cabeza a componer, La operación, Los cinco sentidos, La mariposa de pedrería, El ruido, La lima, El viejo de las limas, El conjuro, Las dos vengadoras, La máscara, La madrina, La charca, El espectro, El talismán, La turquesa, Los pendientes.*

---

22 J. Paredes Núñez clasifica de la siguiente forma los lectores de los periódicos más importantes en los que Pardo Bazán publicó: "Estas publicaciones tenían lectores muy diferentes: *La España Moderna* y *Raza Española*, por ejemplo, estaban limitadas a una élite intelectual; sin embargo, *La Ilustración Artística* y *La Ilustración Española y Americana*, tenían un gran número de lectores. Algunas como *La Esfera*, eran prohibitivas para algunos bolsillos, mientras que *Blanco y Negro, El Cuento Semanal* o *Los Contemporáneos* eran muy asequibles. La audiencia más extensa la aseguraban los periódicos: *El Imparcial, El Liberal, La Época* y *El Heraldo* tenían fuertes tiradas en toda España" (Paredes Núñez 1979: 8–9).

Años más tarde, en su artículo *Fantasía en algunos cuentos de Emilia Pardo Bazán* (2001), Penas Varela amplía esa relación de cuentos fantásticos de Pardo Bazán (sin registrar un listado cerrado) y los ordena según las categorías de Risco –expuestas en el apartado "Teorías de los fantástico", de este trabajo–. En la primera modalidad de Risco, el contraste entre lo normal y lo extraordinario, Penas Varela incluye: *El ruido, La cabeza a componer, El llanto* o *Los cinco sentidos*. Respecto de la segunda, la irrupción de lo maravilloso en lo cotidiano, encontramos tres subgrupos, dependiendo de cuál sea la causa que produzca lo sobrenatural. En el primer subgrupo esta causa está propiciada por un ente superior al hombre: *Las dos vengadoras, Vidrio de Colores* o *La Madrina*. En el segundo subgrupo los personajes son los que ostentan cualidades extraordinarias y hacen uso de ellas: *Los zapatos viejos, La lima, El rival, El conjuro, El brasileño, El té de las convalecientes*. Por último, el tercer subgrupo constituye lo extraordinario creado por el hombre: *La mariposa de pedrería*. La tercera modalidad, lo fantástico puro, es en la que: "la duda, la vacilación se produce en el lector y la interpretación de lo sobrenatural queda abierta" (Penas Varela 2004); y los cuentos incluidos son: *El rizo del Nazareno, La santa de Karnar, El talismán, La máscara, Tiempo de ánimas, El antepasado, Hijo del alma, La turquesa, La charca* o *Las espinas*. El cuarto grupo agrupa los relatos en los que realidad y ficción se funden: *Sinfonía Bélica, Fantasía* y *El santo grial*. A la última modalidad propuesta por Risco, la confusión entre retórica y diéresis, Penas Varela no adscribe ningún cuento de Pardo Bazán, por ser esta propia de las vanguardias.

En este trabajo, dedicado al análisis de los cuentos escogidos de Pardo Bazán, trataremos algunos de los relatos catalogados líneas arriba, además de tener en consideración otros –*La Borgoñona, Un destripador de antaño* y *Vampiro*– puesto que estimamos que en ellos se manifiesta lo fantástico *hoffmaniano*. No analizaremos los relatos de doña Emilia en relación con la clasificación propuesta por Risco y Penas Varela, sino que se hará un análisis comparativo entre la autora gallega y Hoffmann. Sin embargo, hemos considerado necesario señalar estos estudios por ser unos de los pocos realizados sobre los cuentos fantásticos de Pardo Bazán, además de sentar las bases para el estudio de estos cuentos desde la perspectiva fantástica, aspecto que sí retomaremos en nuestro análisis.

Después de esta breve presentación sobre la catalogación de algunos cuentos fantásticos de Pardo Bazán, nos disponemos a analizar el marco espacial en el que normalmente estos se desarrollan, la Galicia rural, para así contrastarlo con el usado por Hoffmann[23]. La ambientación en los relatos de Hoffmann en los que el elemento fantástico predomina es normalmente la ciudad burguesa alemana, entendida esta aquí como ciudad genérica. Sin embargo, los relatos más cercanos a lo maravilloso, como *Prinzessin Brambilla* (*La princesa Brambilla*), se ambientan bien en mundos ficticios, bien en lugares reales que se ficcionalizan, como podría ser Italia, por ser estos considerados espacios en los que lo maravilloso puede tener lugar. En España, la Galicia rural es uno de los marcos geográficos más usados como lugar en el que meigas, duendes o hadas están en perfecta coexistencia con el mundo real, espacio que Pardo Bazán usará de modo fructífero. La autora gallega se sirve de su tierra natal para conseguir una ambientación realista, un marco real cotidiano, con el que el lector pueda identificarse y reconocerse, algo que en Hoffmann es fundamental para poder crear la ambigüedad entre realidad e irrealidad. A este respecto es muy interesante señalar que las creencias en este tipo de personajes o leyendas son algo que está inserto en el imaginario colectivo de la sociedad gallega, por lo que también Pardo Bazán se acerca a sus lectores a través de las tradiciones populares de su tierra, usándolas como base para algunos de sus cuentos fantásticos (y también otros de corte más realista y naturalista). Por supuesto no todos los cuentos de la autora gallega están ambientados en zonas rurales, pues muchos de ellos lo estarán en ciudades, al igual que los de Hoffmann. Sin embargo, entendemos que es importante mencionar que la ambientación fantástica de su Galicia natal le sirvió como inspiración y base en algunas de sus obras, incluso entre las consideradas exponentes del Naturalismo, como *Los Pazos de Ulloa* o *La madre Naturaleza*.

---

23 Aclaramos que en este apartado tan solo se tratarán aspectos generales de los cuentos de Pardo Bazán. En el análisis posterior de los cuentos escogidos se concretará lo aquí mencionado.

## 4.2 Del Romanticismo al Realismo

Solo desde una óptica reduccionista podría resultar paradójico que escritores realistas y naturalistas abordaran la dimensión de lo fantástico romántico en su obra. No obstante, resulta conveniente considerar de una manera
más pormenorizada las implicaciones que este hecho tiene, pues al analizar
las interrelaciones entre el Romanticismo y el Realismo se podrá posteriormente estudiar con detenimiento el modo particular con el que una autora
considerada naturalista se acerca al fenómeno de lo fantástico.

El momento histórico en el que los escritos se insertan es de gran importancia para el estudio de los mismos en este caso consideramos que los
últimos decenios del XIX fueron una espléndida época para el desarrollo
de la escritura fantástica: "Nos situamos en un fin de siglo que, a través
del Romanticismo, permite una constante dialéctica entre la realidad sobrenatural y la natural, evidenciando un sensual e incluso mórbido gusto en
asustarse" (Latorre 1997: 384). La creación de relatos fantásticos, aun
teniendo raíces románticas, no fue excluida por autores realistas, sino que
en muchos casos fueron grandes continuadores del género en España contamos con personalidades tales como Benito Pérez Galdós, Pedro Antonio
de Alarcón o Emilia Pardo Bazán. No debemos olvidar que lo fantástico
tiene su base en lo real, en un mundo conocido y reconocible tanto por el
lector como por los personajes, por lo que no es ajeno al nuevo movimiento
realista que empieza a cultivarse a finales del XIX:

> [El cuento fantástico] en boga especialmente durante el periodo romántico, tam-
> bién fue cultivado por escritores realistas. Las fronteras entre fantasía y realidad
> tienen límites imprecisos y varían con los tiempos. Son en definitiva dos caras
> que reflejan aspectos esenciales de la condición humana, y en sentido estricto tan
> realista es una narración que habla de los sueños, de las aspiraciones irrealizables,
> como la que transcribe la realidad cotidiana, esa realidad tan llena de hechos
> que tocan de lleno en lo maravilloso y lo extraño. En este juego entre fantasía y
> realidad [...] siempre queda un margen de incertidumbre que el escritor intenta
> descifrar, basándose en muchas ocasiones en los caminos de la lógica y la experi-
> mentación. (Paredes Núñez 1979: 300–301)

También es importante mencionar que en esta época se producen grandes
cambios, la sociedad está transformándose y lo fantástico sirve a los escritores como forma de representar el deseo de modificar lo establecido. La
introducción de lo fantástico, en algunos relatos, constituye una forma de

crítica social, en tanto que la inclusión elementos extraños, inexplicables por las reglas físicas establecidas por el hombre, hace cuestionar a los lectores las estructuras sociales impuestas:

> [...] el gran arte realista, esencialmente, es más la representación de la relación sujeto-objeto, que la mera reproducción de «cosas». La actividad aprehensiva del sujeto, de la conciencia humana, cobra el primer plano en ese movimiento expresivo, que, efectivamente, critica y a veces insulta a su consumidor. Por lo tanto, hay un *continuum* entre la representación más «objetiva» (de objetos como realidades independientes) y la más «subjetiva» (de la actividad de la conciencia como productora), incluyendo en esta categoría a lo fantástico. Sin embargo, la literatura netamente fantástica, al cuestionar la «solidez» del mundo objetivo, y al liberar sueños en su estado de espejos a veces intolerablemente reveladores, es más obviamente distante de un grupo afianzado en una «permanencia» cuya naturaleza condicional prefiere ignorar. (Smith 1997: 27)

Lo fantástico hace peligrar la estabilidad social, pues los elementos insólitos que se introducen, al ser inexplicables consiguen que se dé un replanteamiento del mundo en el que se vive, y por tanto de la manera que en él se desarrolla la existencia. En el personaje de Olimpia, la autómata de la obra *Der Sandmann* de Hoffmann, podemos ver un reflejo de lo anteriormente expuesto, pues responde a las características que las mujeres debían de tener en la época: calladas, modestas, mesuradas, etc. Sin embargo, la crítica no solo confluye en este tratamiento de la mujer, sino que también se da respecto del comportamiento burgués, pues Olimpia representa la sociedad farisea, de las apariencias. Nathanael también es un personaje a través del cual se refleja la crítica de Hoffmann a la locura del poeta romántico, más propia del Romanticismo alemán de la segunda generación, en la que encontramos una tendencia al aislamiento del individuo y la incapacidad del mismo para distinguir la fantasía de la realidad.

Los movimientos literarios, como bien es sabido, no son estructuras cerradas, sino que los autores beben de diferentes fuentes creando una obra propia que puede poseer influencias de diferentes autores de varias épocas, siendo la crítica la que construye las etiquetas que encajonan a los escritores en uno o en otro movimiento. Paredes Núñez aduce, para este fenómeno de mezcla de influencias, argumentos de corte sociológico:

> Cuando en la evolución progresiva de la conciencia humana, en ese continuo proceso de interiorización que los mitos que el hombre ha ido realizando para desmitificar la realidad y captarla en su pureza objetiva, muere una creencia,

renace en un nivel superior en forma estética. La creencia, muerto su elemento formal, racionalizado, ya no puede seguir aceptándose como tal, pero sobrevive el elemento base que le dio origen. Y este elemento de base necesita estructurarse en una forma nueva cuyo ropaje no sea negado por la ciencia: lo fantástico. Surge así como respuesta a una necesidad oculta del hombre. (Paredes Núñez 1979: 298–299)

Nada de ello fue ajeno a la pluma de Pardo Bazán, quien no solo fue una extraordinaria escritora, sino, como ya hemos señalado en varias ocasiones, una avezada lectora, cuyo amplio bagaje literario plasmó en sus propias obras literarias. Gran conocedora de la literatura romántica, además de afirmar la importancia de la misma, como ya se vio en la *Introducción* de este trabajo, manifiesta que la semilla romántica aún era notable en sus días: "el retoñar incesante de sus ideales estéticos y de sus consecuencias psicológicas, al través de todo el resto del siglo XIX, y en lo que va de nuestro siglo" (Pardo Bazán 2002). Por lo que no ha de sorprender el encontrar en su producción ciertos escritos que respondan a esta mezcolanza de ideas:

El hecho de que Emilia Pardo Bazán amalgamara en sus primeras novelas ese sentir o espíritu romántico con las formulaciones de la estética realista, más allá de su eclecticismo tantas veces declarado en materia estética, obedece indudablemente a varios factores: en primer lugar, su formación literaria, sus lecturas [...] más allá de la poética realista en que se inscriben sus primeras novelas, la autora se había nutrido de lecturas románticas que le habrían de dejar honda huella, perceptible en sus años de aprendizaje como novelista, anteriores a la publicación de *Los Pazos de Ulloa*, y que, sin desaparecer del todo nunca, aflorarán con renovada intensidad y en consonancia con los nuevos rumbos de la literatura finisecular en sus últimas novelas: *La Quimera, La Sirena Negra* y *Dulce Dueño*, novelas neorrománticas con ingredientes legendarios y místicos. (Sotelo Vázquez 2000)

La propia autora gallega, consciente de este maremágnum de influencias afirma ya en 1881 en el «Prefacio» a su obra *Un viaje de novios* que las líneas divisorias entre movimientos literarios están difuminadas, pues el Realismo hispánico está cargado de idealismo, característica más bien propia del movimiento Romántico:

¡Oh, cuán sano, verdadero y hermoso es nuestro realismo nacional, tradición gloriosísima de arte hispano! ¡Nuestro realismo, el que ríe y llora en La Celestina y El Quijote, en los cuadros de Velázquez y Goya, en la vena cómico-dramática de Tirso y Ramón de la Cruz! ¡Realismo indirecto, inconsciente, y por eso mismo acabado y lleno de inspiración; no desdeñoso del idealismo, y gracias a ello, legítima y profundamente humano, ya que, como el hombre, reúne en sí materia y espíritu, tierra y cielo! (Pardo Bazán 1999b: 197)

Años más tarde, en 1884, volverá a incidir en este tema en el *Prólogo* a *La Dama Joven*:

> Presiento y adivino lo que de este libro dirán críticos y lectores: que hay en él páginas acentuadamente naturalistas, al lado de otras saturadas de idealismo romántico. Yo sé que todas son *verdad*, con la diferencia de darse en la esfera práctica, que llamamos de los hechos, o en otra no menos real, la del alma. Vida es la vida orgánica, y vida también la psíquica, y tan cierta la impresión que me produce un Nazareno o una Virgen, como los crudos detalles de *La Tribuna*, o las rusticidades de *Bucólica*. Reclamo todo para el arte, pido que no se desmiembre su vasto reino, que no se mutile su cuerpo sagrado, que sea lícito pintar la materia, el espíritu, la tierra y el cielo. (Pardo Bazán 1907: VIII)

Yolanda Latorre afirma: "Fiel a su tendencia ecléctica, Emilia Pardo Bazán no enfrentó fantasía y naturalismo. La producción fantástica de doña Emilia parece tener confusas fronteras [...] Quizás la habilidad *pardobazaniana* para insertar lo sobrenatural y crear atmósferas, siempre reconocida, tenga algo que ver en la elaboración de este conseguido efecto [lo fantástico]" (Latorre 1997: 381). Esto ya lo había apuntado la autora gallega en los *Prólogos*, citados líneas arriba, si bien utilizando diferentes términos, pues ella habla del mundo espiritual y del terrenal o de la vida orgánica y la vida psíquica, además de haber señalado que el Realismo que se da en España no desdeña el idealismo. Por tanto, teniendo en cuenta las ideas expuestas por Pardo Bazán, se observa que la fusión entre realidad e irrealidad no era algo que sorprendiera en la época, por lo que lo fantástico, si bien pudo asombrar en cuanto a su tratamiento, recordemos el artículo de Scott y los de sus seguidores, no era del todo ajeno a la autora. La creencia en la existencia de lo sobrenatural o maravilloso queda plasmada en varios de sus cuentos fantásticos, en *El talismán* escribe: "siempre he profesado el principio de que en lo fantástico y lo maravilloso hay que creer a pies juntillas" (Pardo Bazán 1894) y en *La turquesa*: "De regiones que no conocemos por la razón, pero que incesantemente se revelan a nosotros por el sentimiento, nos llegan estas advertencias misteriosas, que los necios escépticos no atienden" (Pardo Bazán 1909).

Emilia Pardo Bazán es una de las mejores representantes del cuento fantástico: "nos atrevemos a afirmar que es uno de los narradores más hábiles a la hora de transmitir lo inquietante, funesto, o maravilloso, del delirio o la locura, lo mágico o lo extraño, es decir, todos los ingredientes propios del género. A la vez, su mirada parece siempre predispuesta a la vivencia o experiencia sensible de lo fantástico" (Latorre 1999: 205). Lo fantástico es explorado por la autora en varias ocasiones a lo largo de toda su producción y al no negar lo sobrenatural construye una narrativa en la que se difumina realidad y ficción: "Doña Emilia, extremadamente interesada en la física visual durante su juventud, se sirve de sus conocimientos para configurarse como escritora realista que va a aceptar lo sobrenatural presentado de forma verosímil" (Latorre 1997: 383).

# 5. Presencia de lo fantástico *hoffmaniano* en ocho cuentos de Emilia Pardo Bazán

El análisis de la presencia de lo fantástico *hoffmaniano* ha sido reducido en este trabajo a tan solo ocho cuentos de Pardo Bazán, ya que consideramos que son los que mejor muestran el tratamiento que dio la autora gallega a algunas ideas, motivos o formas, tratadas ya por Hoffmann. Los cuentos han sido clasificados en diferentes apartados, cada uno de los cuales remite a una forma de acercamiento al tratamiento de lo fantástico realizado por el autor alemán. En el primer apartado se analizará lo fantástico *pardo-bazaniano*, que tiene como base la religiosidad, una de las características que más difiere de la narrativa *hoffmaniana*, con el fin de observar cómo aun usando diferentes estrategias consiguen un mismo efecto fantástico. En el segundo apartado, "Estrategias de lo fantástico", se estudiarán las diferentes formas de creación de lo fantástico, a saber: estrategia narrativa, a través del uso de leyendas populares (*Un destripador de antaño*); estrategia genérica, mediante la creación de la duda fantástica (*El talismán, La máscara* y *Vampiro*); estrategia temática, con la utilización de la figura del doble (*La Borgoñona*); y estrategia simbólica, mediante el uso de los ojos como elemento simbólico central (*Los pendientes*). El tercer punto, "Los sentidos como forma de lo fantástico", versará sobre un cuento relacionado íntimamente la percepción auditiva (*El ruido*). Hemos de mencionar que la incertidumbre, o la duda, está presente en prácticamente todos los cuentos aquí analizados. Sin embargo, hemos querido hacer esta clasificación dado que en los tres cuentos recogidos en el apartado de "La duda" la autora tan solo trabaja esta estrategia genérica, mientras que en los otros se apoya de diferentes motivos, temas, símbolos, etc., por lo tanto, consideramos que esta distribución sirve para organizar de manera más clara los relatos.

En este trabajo no se pretende demostrar que *Der Sandmann*, o cualquier otra obra de Hoffmann, fuese una fuente literaria directa en la creación de las obras de Pardo Bazán, sino que de su obra toma su nuevo concepto del género fantástico y lo reproduce en sus obras, pero siempre con un estilo propio. Ejemplo de ello podría ser el hecho de que los textos de la autora gallega sean mucho más ilustrativos, en cierta medida explicativos, pues encontramos una tendencia a aclarar ciertas dudas que se puedan producir en el lector. El resultado final se plasma en una misma concepción de lo fantástico a través de estrategias comunes, aunque añadiendo elementos diferenciadores, como pueden ser el elemento religioso o el encuadre geográfico, que en algunos casos es el medio rural y no el urbano.

También se ha de señalar que Emilia Pardo Bazán trabaja con los dos tipos de literatura de fantasía: lo maravilloso y lo fantástico. Si se hubiera limitado a emplear solo el primero a la hora de crear sus cuentos, su obra resultaría menos sugerente, puesto que la tradición oral hizo uso de ello desde tiempos inmemoriales; pero al haberse servido de las técnicas de lo fantástico, que hemos caracterizado como propias de Hoffmann, y haberlas adaptado a su forma de interpretar la literatura, sus relatos resultan especialmente innovadores. En el análisis de los cuentos se verá cómo en algunos casos la autora difumina las fronteras entre lo maravilloso y lo fantástico, pues, como ya se mencionó, estas son difíciles de diferenciar.

## 5.1  Lo fantástico *pardobazaniano*

Uno de los elementos que separa radicalmente la concepción de lo fantástico de Hoffmann de la de Pardo Bazán es el catolicismo ferviente de esta última. Muchos de los cuentos de la autora gallega están impregnados de religiosidad y la aparición de milagros es frecuente, mientras que esto es impensable en los relatos de Hoffmann.

Penas Varela encuadra dentro de la tercera clasificación de Risco, lo fantástico puro, cuentos tales como: *El rizo del Nazareno* (La Revista de España, LXXVII, 1880), *La santa de Karnar* (Nuevo Teatro Crítico, n° 4, 1891), *Tiempo de ánimas* (El Imparcial, 11 de diciembre de 1898) o *Las espinas* (La Esfera, n° 276, 1919); y como parte de la cuarta modalidad de lo fantástico, en la que realidad y ficción se funden, incluye: *La Nochebuena en el Infierno* (El Imparcial, 30 de noviembre de 1891), *La Nochebuena en el Purgatorio* (El Imparcial, 31 de diciembre de 1891), *La Nochebuena en el Limbo* (Nuevo Teatro Crítico, n° 14, 1892) y *La Nochebuena en el Cielo* (El Imparcial, 8 de febrero de 1892), y *El Santo Grial* (El Imparcial, 3 de agosto de 1898). Como podemos observar, muchos de estos cuentos de temática religiosa han sido clasificados como fantásticos, pues, desde la objetividad crítica, los milagros también forman parte de aquellos hechos que, de acontecer en un mundo real, pueden tener dos soluciones plausibles, la racional y la sobrenatural o la de la fe. Por tanto, lo fantástico *pardobazaniano* será aquí considerado como una formulación de lo fantástico propia de Pardo Bazán, que se consigue al introducir supuestos milagros, y que serán analizados como una nueva concepción del género.

Comenzaremos con el análisis del cuento *Las Espinas* por considerar que es uno de los que más se distancia de la narrativa de Hoffmann. Lo fantástico de Pardo Bazán, o fantástico *pardobazaniano*, es en muchos casos de carácter religioso y nada tiene que ver con los románticos. Sin embargo, sí confiere independencia al lector, en tanto que crea cierta incertidumbre en él y en los personajes, rasgo que nos remite a Hoffmann. Aunque los dos autores usen estrategias diferentes consiguen un mismo tratamiento de lo fantástico, por lo tanto lo que aquí se demostrará es que existen más rasgos en común entre los textos fantásticos de Pardo Bazán y Hoffmann de lo que en un principio se pudiera pensar.

## I)  Las espinas

Este cuento fue publicado por vez primera en la revista *La Esfera*, número 276, en 1919. Penas Varela lo incluye en la tercera modalidad establecida por Risco, lo fantástico puro.

> Cada vez que yo le hacía observaciones a mi amigo Sabino Ruilópez acerca de su próximo matrimonio, me oía tratar de romántico, de fantástico y hasta de necio.
> -Pero, criatura -me decía, protegiéndome, pues tenía dos años más que yo-, ¿pensarás que no comprendo por qué sientes ese recelo contra mi novia? Son las espinas, las dichosas espinas. Bah! Yo miro las cosas equilibradamente, y no veo en esas espinas el menor obstáculo para la felicidad conyugal. (Pardo Bazán 1973c: 292)

Así comienza este cuento en el que un hombre relata, en primera persona, la historia de su amigo Sabino Ruilópez y su prometida. En estas primeras líneas queda claro que el tema del relato puede incluirse dentro de lo fantástico, que se compara con lo romántico e incluso lo "necio", quitando así importancia a este elemento. El hecho sobrenatural que se narra son las supuestas marcas de nacimiento que una joven tiene en la frente:

> Nació la niña un día de Semana Santa, y la madre quiso que se le pusiese de nombre María del Martirio, y se empeñó en que traía, alrededor de la sien, una corona

de espinas. Preguntado el médico, declaró que no había tal corona, y que sólo se observaban en la frentecita de la recién nacida, y entre la pelusa que cubría su cráneo, unas manchas rosa, como huellas de picadas de alfileres. No se necesitó más para acreditar la leyenda. (ibíd. 293)

Desde el comienzo del cuento se crea la duda, tanto en el lector, como en los personajes, pues se construye una leyenda sobre si las marcas de la niña son producidas por algo sobrenatural, en este caso un milagro divino, o bien son un simple producto de la imaginación y la fe católica.

La niña se crió normalmente y no siendo amiga ni del bullicio ni de las diversiones, teniendo contacto prácticamente solo con su primo Sabino Ruilópez determina casarse con él. Sabino al estar aburrido en la casa conyugal invitaba de forma constante a su amigo, que es el narrador de la historia, por lo que este frecuenta muy a menudo la casa y, por tanto, la compañía de Martirio. El narrador obsesionado con el tema de las espinas buscaba a menudo su marca en la frente de la joven:

Claro es que no podía verla, porque no estaba; pero las manchas delatoras del tormento, allí aparecían bien claras, sobre todo en ciertos días y ocasiones. Y si existían las manchas, ¿no sería que las espinas, invisibles, se hincasen en la piel? La afirmación me parecía concluyente. Resaltaban las huellas de un aro de pinchos en torno de la cabeza virginal. (ibídem.)

La confusión en el personaje queda patente, pues sabe que las marcas no están, pero, sin embrago, cree verlas. Su amigo al darse cuenta de que este miraba de reojo la frente de Martirio cae también en la incertidumbre de si la marca es real o no:

Con tus fantasías sentimentales sobre las dichosas espinas, me has obligado a consultar a mi médico, y no sabes qué explicación tan natural. Esas señales proceden de la imaginación de la madre. Me ha citado casos muy curiosos y me ha enseñado láminas de obras de medicina. Llaman a eso, ¿a ver si recordaré bien?, nevi materno. (ibídem.)

Sabino representa, por tanto, la explicación racional a la duda, pero la narración de los hechos posteriores vuelve a ensombrecer esta respuesta. Cuando los tres protagonistas se congregan en una reunión social el narrador se acerca a hablar con Martirio, que parece no encontrarse bien, y cree ver que las marcas estaban "más abultadas y rubicundas que de costumbre" (ibíd. 294). La chica termina desvaneciéndose y el narrador observa cómo "una de las señales de las espinas se abultaba, se hinchaba rápidamente...

Era como una ampollita que crece, que adquiere forma esférica. De súbito, abrióse lo mismo que una rosa de Jericó sumergida en agua, y de su seno surgió y resbaló, sobre la marfileña mejilla, una lágrima espesa... Era de sangre, fuerte, fluyente, viva" (ibídem.). Lo sobrenatural irrumpe en el relato y parece no dejar duda de que ha ocurrido un milagro. El joven recoge con sus labios las gotas de sangre de Martirio en el momento justo en el que Sabino entra por la puerta del saloncito donde se encontraban encarándose y amenazando al narrador. Sin embargo, viendo el estado de desfallecimiento de Martirio determinan llamar a su padre y se la llevan. Los médicos explican racionalmente el suceso acaecido: "La ciencia dictaminó. Se trataba de un fenómeno natural, aunque bien raro. Alteraciones circulatorias... Una sugestión imaginativa las provocaba, y en la Edad Media se calificaba de milagro el suceso" (ibídem.). Sin embargo, la muchacha no acepta esta explicación: "Mi hija, aunque se lo jure en cruz el protomedicato, no reconoce que lo de las espinas pueda explicarse con términos técnicos... Afirma que es algo sobrenatural que la obliga a consagrarse a Dios para toda su vida. Y, mire usted -agregó, bajando el tono-, es el caso que yo creo que maldita la vocación que mi hija tiene..." (ibídem.). Mientras que el padre y el narrador racionalizan la situación y achacan la insistencia de la hija en creer que esas marcas son sobrenaturales a su deseo de entrar a un convento, la joven no toma esta resolución. La duda, por tanto, no queda resuelta, es el lector el que debe escoger entre una de las dos propuestas dadas. Los propios personajes se debaten en esa incertidumbre, pues aunque el narrador, al final del relato, parezca asumir la explicación racional, al comienzo del mismo dudaba entre las dos explicaciones plausibles.

Pardo Bazán, consagrada ya como escritora y con un dominio en la escritura del cuento fantástico, crea, con gran maestría, un relato en el que la duda no queda resuelta y además lo sobrenatural viene dado por un elemento sobrenatural divino. Es decir, conjuga de manera impecable sus ideas cristianas con la creación de un relato al más perfecto estilo fantástico.

## 5.2 Estrategias de lo fantástico

### 5.2.1 La duda

Una de las estrategias que consideramos más importantes a la hora de caracterizar el género fantástico es la capacidad de los textos de generar

cierta duda o incertidumbre, tanto en el lector como en los personajes, respecto a si lo acontecido forma parte de la realidad o más bien está adscrito
a lo sobrenatural: "Lo fantástico es la vacilación experimentada por un
ser que no conoce más que las leyes naturales, frente a un acontecimiento
aparentemente sobrenatural. [...] La posibilidad de vacilar entre ambas crea
el efecto fantástico" (Todorov 1995: 24).

En *Der Sandmann* la duda es constante, no solo en el lector, sino en
el propio Nathanael. Uno de los fragmentos de mayor intensidad es el
momento en el que Clara contesta por carta a Nathanael, explicándole de
manera racional todos los fenómenos que él había descrito anteriormente:

> Geradeheraus will ich es Dir nur gestehen, daß, wie ich meine, alles Entsetzli-
> che und Schreckliche, wovon Du sprichst, nur in Deinem Innern vorging, die
> wahre wirkliche Außenwelt aber daran wohl wenig teilhatte. Widerwärtig genug
> mag der alte Coppelius gewesen sein, aber daß er Kinder haßte, das brachte in
> Euch Kindern wahren Abscheu gegen ihn hervor. [...] Das unheimliche Treiben
> mit Deinem Vater zur Nachtzeit war wohl nichts anders, als daß beide insge-
> heim alchymistische Versuche machten, [...] Glaubst Du, daß ich den erfahrnen
> Nachbar Apotheker gestern frug, ob wohl bei chemischen Versuchen eine solche
> augenblicklich tötende Explosion möglich sei? Der sagte: »Ei allerdings« und
> beschrieb mir nach seiner Art gar weitläufig und umständlich, wie das zugehen
> könne, und nannte dabei so viel sonderbar klingende Namen, die ich gar nicht zu
> behalten vermochte. (Hoffmann 2009: 21–22)[24]

A través de sus explicaciones racionalistas Clara consigue tanto que el lector
dude de lo narrado hasta ese momento, como que Nathanael lo haga de su
propia experiencia: "Sie [Clara] hat mir einen sehr tiefsinnigen philosophi-
schen Brief geschrieben, worin sie ausführlich beweiset, daß Coppelius und
Coppola nur in meinem Innern existieren und Fantome meines Ichs sind,

---

24  "Voy a confesarte directamente, que, según creo, todo aquello terrible y espan-
    toso de lo que hablabas solamente ocurre en tu interior, y el mundo exterior,
    real y auténtico, tiene poca parte en ello. Puede que el viejo Coppelius haya
    sido repulsivo, pero era el hecho de que odiara a los niños el que provocaba
    en vosotros auténtica repugnancia. [...] sin duda la inquietante actividad que
    practicaba con tu padre por las noches no era sino que ambos hacían en secreto
    experimentos de alquimia [...] ¿sabes que ayer le pregunté a mi vecino, experto
    farmacéutico, si en determinados experimentos químicos era posible semejante
    explosión instantánea y mortal? Él dijo: claro que sí, y me describió a su manera
    extensa y prolija, cómo podía ocurrir tal cosa, mencionando nombres de tan
    extraño sonido que no fui capaz de retenerlos" (Hoffmann 2007: 291)

die augenblicklich zerstäuben, wenn ich sie als solche erkenne" (Hoffmann 2009: 24)[25]. Sin embargo, esta explicación no convencerá a Nathanael por mucho tiempo, pues, finalmente, se decanta por la explicación sobrenatural a los hechos ocurridos, consiguiendo así que la incertidumbre en el lector aumenta de sobremanera.

Pardo Bazán usará esta misma estrategia genérica en algunos de sus cuentos, de los cuales aquí analizaremos tres: *El talismán*, *La máscara* y *Vampiro*. Es importante señalar que nos centramos en un elemento abstracto, la generación de la duda fantástica, que aparece en los dos autores aquí tratados, para así demostrar cómo a nivel textual se consigue el mismo efecto de lo fantástico. No trataremos en este apartado las similitudes temáticas entre Hoffmann y Pardo Bazán, dado que en estos cuentos podemos encontrar más referencias de este tipo a autores como Théophile Gautier, Guy de Maupassant, Gérard de Nerval o Edgar Allan Poe, sino que el objetivo del mismo es analizar una misma forma de generar el ambiente fantástico a través de la duda creada cuando nos encontramos ante dos explicaciones plausibles, una racional y otra sobrenatural.

## II) El talismán

*El talismán*, cuento publicado el 8 de enero de 1894 en *El Imparcial* (Madrid), es uno de los relatos fantásticos más conocidos de la autora, como ya se señaló líneas arriba: es el único mencionado por Risco en su estudio *Literatura fantástica de lengua española,* incluyéndolo en su tercera modalidad, lo fantástico puro. Forma parte de las colecciones *Cuentos Sacroprofanos* (1899) y de *Cuentos trágicos* (1912).

> La presente historia, aunque verídica, no puede leerse a la claridad del sol. Te lo advierto, lector, no vayas a llamarte a engaño: enciende una luz, pero no eléctrica, ni de gas corriente, ni siquiera de petróleo, sino uno de esos simpáticos velones típicos, de tan graciosa traza, que apenas alumbran, dejando en sombra la mayor parte del aposento. O mejor aún: no enciendas nada; salte al jardín, y cerca del estanque, donde las magnolias derraman efluvios embriagadores y la luna rieles argentinos, oye el cuento de la mandrágora y del barón de Helynagy. (Pardo Bazán 1894)

---

25 "[Clara] me ha escrito una carta muy profunda y filosófica, en la que demuestra detalladamente que Coppelius y Coppola solo existen en mi interior y que son fantasmas de mi Yo, que se esfumarán instantáneamente cuando como tales los reconozca" (Hoffmann 2007: 293).

Las primeras líneas del cuento –delimitadas en su primera publicación con una línea de puntos– ponen sobre aviso al lector acerca del cariz misterioso de la historia. El comienzo semeja la introducción a un cuento de terror, una historia que es mejor leerla en la penumbra, creando así un ambiente enigmático para el lector y preparándole para el suceso fantástico que va a tener lugar. Al mencionar que la historia es verídica predispone a los lectores a creer en lo que se les narra, consiguiendo que esta pequeña introducción al relato sirva como forma de presentar la narración, y lo fantástico de la misma, rodeada de un hálito de verosimilitud, y por tanto nos enfrentamos al texto como si fuese la narración de un hecho realmente acaecido. La veracidad de la historia está apoyada constantemente por comentarios de la narradora en primera persona, lo que hace que la distancia entre el hecho narrado y el lector disminuya: "Conocí a este extranjero (y no lo digo por prestar colorido de verdad al cuento, sino porque en efecto le conocí)" (ibídem.).

La historia que se relata en este cuento es la del barón Helynagy, diplomático de origen húngaro, aunque adscrito a la embajada austriaca. A la narradora le habían hablado de este hombre con gran misterio, por lo que el día en que lo conoce en una fiesta de la embajada, decide observarlo atentamente, sin descubrir, en apariencia, nada extraño. Finalmente pregunta sobre el misterioso barón y le cuentan que posee un talismán verdadero: "le permitía realizar todos sus deseos y salir airoso en todas sus empresas. Refiriéronme golpes de suerte inexplicables, a no ser por la mágica influencia del talismán" (ibídem). El barón vivía en la estrechez pero consiguió heredar varias fortunas y encontró un gran tesoro en el castillo familiar, además de ganar siempre en el juego y en el amor. Y así, por esta suerte de coincidencias, también se le abrieron las puertas de la embajada y mucha gente decía que incluso sería nombrado ministro. En este punto, nos encontramos con el primer indicio de duda por parte de la narradora, que confronta los hechos narrados por terceras personas con su propia percepción de la realidad. Superado el escepticismo inicial, la duda sobre si el talismán es real o no resulta más fuerte que sus pensamientos racionalistas: "Si todo ello no era patraña, efectivamente merecía la pena de averiguar con qué talismán se obtienen tan envidiables resultados" (ibídem.), por lo que la narradora se propone averiguar más sobre ese prodigioso talismán: "porque siempre he profesado el principio de que en lo fantástico y maravilloso hay que creer a pie juntillas, y el que no cree -por lo menos desde las once de la noche hasta las cinco de la madrugada-, es tuerto del cerebro, o sea medio tonto" (ibídem.). Esta referencia a su creencia en lo fantástico y lo maravilloso parece servirle de justificación para llevar a cabo su propósito y así despejar sus dudas de índole más realista. La narradora, para lograr su objetivo, consigue trabar amistad con el barón, sin mencionar en ningún momento el talismán, pero ganándose su confianza. Tras un tiempo de relación amistosa el barón es llamado a Viena y se presenta en casa de la narradora para despedirse y dejarle a su cuidado el talismán: "Poseo un objeto…, una especie de reliquia…, y temo que los azares del viaje… En fin, recelo que me lo roben, porque es muy codiciada, y el vulgo le atribuye virtudes asombrosas. Mi viaje se ha divulgado; es muy posible que hasta se trame algún complot para quitármela" (ibídem.). Hábilmente la narradora consigue que el barón le cuente la historia del prodigioso talismán:

> […] una tarde pasó por Helynagy un israelita venido de Palestina, y se empeñó en venderme eso, asegurándome que me valdría dichas sin número. Lo compré…, como se compran mil chucherías inútiles…, y lo eché en un cajón. Al poco tiempo empezaron a sucederme cosas que cambiaban mi suerte, pero que pueden explicarse todas…, sin necesidad de milagros […] sobre un sudario de lienzo guarnecido de encajes, que el barón apartó delicadamente, distinguí una cosa horrible: un figurilla grotesca, negruzca, como de una cuarta de largo, que representaba en pequeño el cuerpo de un hombre. […] es una maravilla de la Naturaleza; esto no se imita ni se finge; esto es la propia raíz de la mandrágora, tal cual se forma en el seno de la tierra. Antigua como el mundo es la superstición que atribuye a la mandrágora antropomorfa las más raras virtudes. Dicen que procede de la sangre de los ajusticiados, y que por eso de noche, a las altas horas, se oye gemir a la mandrágora como si en ella viviese cautiva un alma llena de desesperación. (ibídem.)

La referencia a Israel y a Palestina, es decir, al ámbito de lo oriental, aporta exotismo (elemento típico del Romanticismo) a la narración, pues, como ya se mencionó en anteriores apartados, hay lugares que resultan más propicios para el surgimiento de lo fantástico. Sin embargo, lo más llamativo de este fragmento es la duda que se le plantea al protagonista entre la creencia en lo sobrenatural o la explicación racional, incertidumbre que somete al hombre a la infelicidad:

> Mi pena y mi torcedor constante es la duda en que vivo sobre si realmente poseo un tesoro de mágicas virtudes, o cuido supersticiosamente un fetiche despreciable. En los hijos de este siglo, la fe en lo sobrenatural es siempre torre sin cimiento; el

menor soplo de aire la echa por tierra. Se me cree «feliz», cuando realmente no soy más que «afortunado»: sería feliz si estuviese completamente seguro de que lo que ahí se encierra es, en efecto, un talismán que realiza mis deseos y para los golpes de la adversidad; pero este punto es el que no puedo esclarecer. [...] Lo que me amarga, lo que me abate, es la idea de que puedo vivir juguete de una apariencia engañosa, y que el día menos pensado caerá sobre mí el sino funesto de mi estirpe y de mi raza. (ibídem.)

La narradora hará crecer esta incertidumbre en el lector en el momento en el que ella comienza también a dudar sobre las propiedades mágicas del talismán y empieza a buscar una explicación racional para la existencia del mismo, sintiendo intriga, en gran medida, sobre la forma humana que lo caracterizaba, pues parecía no haber sido labrado por ningún hombre: "Interrogué sobre el particular a personas veraces que habían residido largo tiempo en Palestina, y me aseguraron que no es posible falsificar una mandrágora" (ibídem.). La narradora sugestionada, por los posibles poderes de la mandrágora, no consigue vivir en paz y determina trasladarla de lugar, llevándola de su habitación al salón. La racionalidad parece volverse a instalar en ella pues denomina al prodigioso objeto "tal porquería", por lo que la incertidumbre es cada vez mayor tanto en los personajes como en los lectores, y parece no decantarse por ninguna de las dos explicaciones. La historia se torna aún más truculenta, cuando el nuevo criado de la narradora roba en la casa y se lleva el talismán, y aunque lo atrapan afirma que lo había tirado a una alcantarilla. Tras el relato del robo, se inicia un diálogo –separado del cuerpo principal del texto con una línea de puntos– entre la narradora y una tercera persona. Al haber identificado desde el comienzo de la obra narradora y autora y descubrir que son personajes diferentes (es decir, que la supuesta narradora está reproduciendo las palabras de otra persona) se produce una ruptura en la verosimilitud del relato, pues la historia ya no es contada por conocimiento propio, sino que la narradora reproduce algo que le ha sido contado. Esto ayuda a crear, de nuevo, cierta tensión que hace que el lector se debata entre la duda de la realidad o irrealidad de la historia, idea reforzada dentro del texto, a veces a través de afirmaciones un tanto moralistas: "porque la mayor desgracia de un hombre es el no ser escéptico del todo, ni creyente a machamartillo" (ibídem.). Este nuevo personaje pregunta por la suerte del barón: "Murió en un choque de trenes, cuando regresaba a España -contestó ella más pálida que de costumbre y volviendo el rostro" (ibídem.). Y si pudiera parecer que la muerte del barón terminaría por despejar la duda creada rompiendo así el tiempo de lo fantástico, las últimas líneas del cuento la vuelven a plantear: "-¿De modo que era talismán verdadero aquel...? -¡Válgame Dios! -repuso-. ¿No quiere usted concederle nada a las casualidades?" (ibídem).

A la vista de lo expuesto, este relato podría incluirse claramente en la clasificación fantástica, ya que la incertidumbre es constante, la duda no queda solventada en ningún momento del relato y la muerte no implica la resolución del conflicto producido por la interacción entre la realidad y algunos elementos sobrenaturales. En este relato de Pardo Bazán las dos explicaciones plausibles al hecho acaecido no están asociadas a dos personajes concretos, pero sí podríamos señalar que "la sociedad", entendida como todos aquellos que han dado pábulo al carácter fantástico del talismán, estarían situados en el extremo de lo sobrenatural, mientras que el barón y la "narradora" se mueven constantemente entre las dos vertientes, al igual que el lector. Por lo que encontramos el elemento social como transmisor de la idea de la convivencia de lo sobrenatural y la realidad.

## III) La máscara

Este breve cuento fue publicado por primera vez en *El Liberal* (Madrid) el 28 de febrero de 1897 y posteriormente sería recogido en la colección *Cuentos Sacroprofanos* (1899). Penas Varela incluye este relato en la tercera modalidad expuesta por Risco, lo fantástico puro.

Las primeras líneas de la obra muestran el entrecruzamiento que se da entre el plano de lo real y el irreal: "Mi *conversión* [...] se originó de... una especie de visión que tuve en un baile. Apostemos a que usted con su amable escepticismo, va a salir diciendo que, en efecto, tengo trazas de hombre que ve visiones..." (Pardo Bazán 1897). Nos encontramos con dos personajes: uno que está apegado a la realidad, el escéptico, y, por otro lado, el personaje que ha sufrido la "visión", un hecho totalmente real. Así pues, desde el comienzo están representados los dos extremos, el real y el ficticio, entre los que se mueve el relato fantástico. El cuento es la reproducción de un diálogo entre la narradora (la escéptica) y Jenaro. Desde el comienzo del mismo la mujer considera que Jenaro no está en sus cabales: "[sus] ojos cercados de oscuro livor y cuyas demacradas mejillas delataban, no la paz de un espíritu que ha sabido encontrar su centro, sino la preocupación de una mente visitada por ideas perturbadoras y fatales" (Pardo Bazán 1897); asumimos que esta imagen del personaje masculino está provocada por la visión que ha tenido, así como nos encontramos con un Nathanael devastado tras su primer encuentro con el vendedor de barómetros Coppola. La narradora representa en este relato el elemento racional –al igual que Clara es quien aporta la explicación real a los hechos acaecidos a Nathanael, teniendo en cuenta que nos encontramos ante historias temáticamente muy diferentes:

> Respetando todo lo que respetarse debe, propendo a creer que ciertas cosas son obra de nuestra imaginación, proyecciones de nuestro espíritu, fenómenos sin correlación con nada externo, y que un régimen fortificante, una higiene sabia y severa, de ésas que desarrollan el sistema muscular y aplacan el nervioso, le quitarían a usted hasta la sombra de sus concepciones visionarias. (ibídem.)

La imaginación puede confundir la mente humana, haciendo que consideremos fantástico algo que no lo es. La solución para la narradora pasa por el cuidado del cuerpo, que también sirve para cuidar la mente, y así alejar los influjos oscuros de la imaginación que hacen que el ser humano se aleje de la realidad. Si esta argumentación hubiera calado en Jenaro no podríamos hablar aquí de lo fantástico, pues para que esto se dé tenemos que contar con la duda, ejercida, en este caso, tanto sobre el lector como sobre alguno de los personajes. Esto no ocurre, ya que el protagonista, obstinado en que lo que vio fue algo real, achaca a su interlocutora la falta de fe en lo sobrenatural: "el que está prevenido de antemano contra las revelaciones del *más allá*, que renuncie a ellas. Ese sentido positivo no es sólo una coraza y un blindaje, es un velo tupido que ciega los ojos del sentimiento y del alma. No, usted jamás verá cosa alguna" (ibídem.). La narradora, aun pensando que el joven está enajenado, le pide que le relate la historia: "Crea usted que, mediante eso que llaman *autosugestión*, seré capaz de *ver* momentáneamente lo mismo que usted haya visto, y de saborear la poesía terrorífica[26] de su relato" (ibídem.). Jenaro estando en un baile de carnaval, "en cuya atmósfera parece que circula un poco de aire bohemio, jovial y animador" (ibídem.), y después de haber bebido

---

26 Encontramos aquí el término terrorífico, usado por Pardo Bazán en varios de sus textos para definir la forma de escritura de Hoffmann. (N de la E.).

vino espumante y café fuerte se encontraba "en un estado de excitación humorística, dispuesto a cualquier diablura y con ánimos para conquistar el mundo" (ibídem.). Cuando caminaba tranquilamente por aquel lugar se encontró con una mujer que portaba una máscara: "Iba distraído, examinando maquinalmente la decoración, cuando una serpentina amarilla se enroscó a mi cuerpo y escuché agria carcajada. Me volví y vi que las roscas del ligero papel las disparaba la mano de una Locura vestida de negro, con pasamanos color de oro" (ibídem.). Jenaro se refiere a la mujer misteriosa como Locura, aunque podemos pensar que la personificación de la misma puede ser un hecho insertado por la narradora escéptica, representando a esa mujer como la propia locura en la que el joven Jenaro había caído y creando así confusión en el lector. Ante la imposibilidad de contemplar su rostro, pues la máscara lo tapaba completamente, pensó que era una chica extranjera que había ido a disfrutar del baile. Los jóvenes bailaron, bebieron y Jenaro, feliz, creyó haberla conquistado. La descripción que el joven hace de la mujer deja entrever alguna de las características de la misma que pueden poner sobre alerta al lector de que no todo lo que parece real lo es:

> Sus pies estrechos calzados de raso amarillo, se cruzaban con gracioso abandono; sus brazos apoyados en el respaldo de la silla, libres ya de guantes, eran de una palidez marmórea y de una delicadeza escultural. Su garganta desnuda, su escote pulido, sin gota de sudor, tenían el tono suave del marfil. Su pelo, de un rubio fuerte, casi rojo, flameaba en torno del antifaz. (ibídem)

La prosopografía de la chica resulta misteriosa pues la palidez marmórea, si bien en la época era parte el ideal de belleza, es un rasgo que se relaciona habitualmente con la muerte. Su pelo rubio, casi rojo, es un rasgo que se asocia a la *femme fatale*, por lo que el lector, ya no solo debido a los comentarios escépticos de la narradora, intuye que esa mujer tiene algo de extraño. El joven no para de pedir a la bella mujer que descubra su rostro pero esta se burla de él y no será hasta después de haber bebido un poco más de vino cuando ella se quite la máscara:

> ¡Una cara difunta, color de cera, con los ojos cerrados, la nariz sumida, la boca lívida, las sienes y las mejillas envueltas en esa sombra gris, terrosa que invade la faz del cadáver! Un cadáver. Y para colmo de espanto, el pelo rojizo, movible y encrespado, que rodeaba la cara y parecía la fulgurante melena de un arcángel, se inflamó de pronto como una aureola de llamas sulfúreas, de fuego del infierno, que iluminase siniestramente la muerta cara. ¡Un difunto, y «difunto

condenado»! Eso era la elegante, la esbelta, la burlona Locura, vestida como los ataúdes, de negro con cabos de oro. (ibídem.)

La dama le dice que es su muerte pero que ese no es el momento en el que deben reunirse y se despide del joven, el cual pierde el conocimiento y cae desmayado. Al despertar huye del gabinete y del baile y añade: "caí enfermo, sané, me retiré del mundo..." (ibídem). En este punto podemos evocar de nuevo *Der Sandmann*, pues se da una coincidencia en tanto que los dos protagonistas, Jenaro y Nathanael, de los que ya se nos ha dicho que son propensos a creer en lo imaginario, caen enfermos tras enfrentarse con una figura que ellos consideran que no pertenece a este mundo, es decir, que rompe las barreras de la física constatadas por el hombre. El cuento de *La máscara* finaliza con la consideración de la narradora, al respecto de la historia relatada por Jenaro: "Opino [...] que la Locura vestida de raso negro era una *cocotte* pálida y con el pelo teñido, pagada tal vez por algún compañero de francachela para embromar a usted... y que, por lo demás... convertirse es bueno siempre, y la caridad una excelente ocupación" (ibídem.). Jenaro la mira con "lástima profunda", se levanta y se dirige a su casa. Este fragmento final representa de forma clara la duda entre lo real y lo irreal que se produce en el lector. Las diferentes hipótesis que se han sacado a lo largo del análisis del texto no quedan resueltas al final del mismo, sino que esta incertidumbre se acrecienta, pues la narradora da una explicación lógica y racional a la historia de Jenaro. Sin embargo, este no la asume como válida, por eso la mira con "lástima profunda", sabe que es tomado por loco y que su historia, aunque para él real, no ha sido tenida en consideración.

Nos encontramos en este relato, pues, con una de las características más importantes que hemos atribuido a lo fantástico *hoffmaniano*, la duda producida por la fusión entre realidad y ciertos elementos sobrenaturales o insólitos en el mundo real en el que la historia se inserta. Las historias de Pardo Bazán y Hoffmann no son equiparables en cuanto a desarrollo de los acontecimientos, pero sí afirmamos que el tratamiento de lo fantástico en *La máscara*, a través de la creación de incertidumbre en el lector, es de corte *hoffmaniano*.

También hemos de señalar la importancia del papel de la narradora, ya que al tratarse de un relato en primera persona, es decir desde una perspectiva personal y subjetiva de la misma, no sabemos cuán adulterado puede estar y por tanto debemos dudar de él. Además ella introduce comentarios propios que hacen que el lector tienda a creer más su versión que la de Jenaro: "El atractivo del antifaz y del disfraz, el triunfante señuelo del misterio nos hace fantasear mil sorpresas deliciosas; pero ya la sátira y la comedia se han apoderado de este tema del baile de máscaras para ridiculizar semejantes ilusiones y demostrar que, de cien veces, noventa y nueve y media nos espera un chasco ridículo" (ibídem.). Desde el comienzo de la historia se ridiculiza la versión de Jenaro, intentando así atraer al lector hacia su perspectiva. Sin embargo, lo que consigue es que la duda respecto de su versión de los hechos crezca, pues sabemos que no es una narradora fiable. Como lectores podemos situarnos ante dos puntos de vista: o bien creemos que la historia de Jenaro es real, y por tanto nos encontraríamos ante el juego con el que la muerte somete a sus víctimas; o bien podemos juzgar desde la racionalidad asumida por la narradora y creer que es una cocotte quien, flirteando, se ríe del joven.

Otro elemento que se debe mencionar es la máscara como símbolo de la muerte, lo que recuerda al cuento *The Masque of the Red Death* de Poe. Sin embargo, el tratamiento de lo fantástico en este no es el mismo que el que aquí estamos analizando, pues el final del relato de Poe parece acercarse más a la explicación sobrenatural: la figura que porta la máscara es la representante de la muerte roja, de la peste, que termina haciéndose con el control del palacio.

## IV) Vampiro

El cuento *El vampiro* fue publicado por primera vez en la revista *Blanco y Negro*, número 539, en 1901 y posteriormente en la colección *Cuentos del terruño* (1907).

El cuento está narrado en tercera persona y relata la historia del casamiento entre un hombre de setenta y siete años y medio, Fortunato Gayoso, e Inesiña, una muchacha de quince años, sobrina del cura de Gondelle. La historia se desarrolla en un pueblecito de Galicia, Vilamorta[27], donde

---

27  Vilamorta no está atestiguado como lugar real, si bien la autora en 1884 ya lo usó en el título de su obra *El cisne de Vilamorta*. Sin embargo, en esta historia se dan referencias geográficas reales como Gondelle y Cebre, lo que hace que podamos situar el relato y, por tanto, Vilamorta, en Galicia, más concretamente en A Coruña.

todos los vecinos están al tanto de tan sorprendente acontecimiento. Estos consideraban que a la muchacha le había tocado el premio gordo, pues aun siendo: "una chiquilla fresca, llena de vida, de ojos brillantes, de carrillos como rosas" (Pardo Bazán 1973b: 1309) había muchas como ella; mientras que Fortunato era un ricachón venido de las Américas. Además, Fortunato tenía a todos sus parientes en contra, pues parecía que Inesiña sería la heredera de todos sus bienes. Sin embargo, parecía que lo único que quería el ricachón de la joven era: "un poco de cariño y de calor, los incesantes cuidados que necesita la extrema vejez" (ibíd. 1310). Inesiña tan solo debía cuidar del viejo, que tenía ya un pie en la tumba, y darle calor y abrigo por las noches: "Lo que tengo es frío –repetía–, mucho frío, querida; la nieve de tantos años cuajada ya en las venas. Te he buscado como se busca el sol; me arrimo a ti como si me arrimase a la llama bienhechora en mitad del invierno. Acércate, échame los brazos; si no, tiritaré y me quedaré helado inmediatamente. Por Dios, abrígame; no te pido más" (ibídem.). Sin embargo, algo callaba el viejo para sí: había acudido a un curandero inglés, como último remedio a su previsible final, y este le había recomendado que pusiera en "contacto su ancianidad con la fresca primavera de Inesiña, [y así] se verificaría un misterioso trueque" (ibídem.), absorbiendo él la juventud de la niña:

> Si las energías vitales de la muchacha, la flor de su robustez, su intacta provisión de fuerzas debían reanimar a don Fortunato, la decrepitud y el agotamiento de éste se comunicarían a aquélla, transmitidos por la mezcla y cambio de los alientos, recogiendo el anciano un aura viva, ardiente y pura y absorbiendo la doncella un vaho sepulcral. Sabía Gayoso que Inesiña era la víctima, la oveja traída al matadero; y con el feroz egoísmo de los últimos años de la existencia, en que todo se sacrifica al afán de prolongarla, aunque sólo sea horas, no sentía ni rastro de compasión. Agarrábase a Inés, absorbiendo su respiración sana, su hálito perfumado, delicioso, preso en la urna de cristal de los blancos dientes; aquel era el postrer licor generoso, caro, que compraba y que bebía para sostenerse; y si creyese que haciendo una incisión en el cuello de la niña y chupando la sangre en la misma vena se remozaba, sentíase capaz de realizarlo. ¿No había pagado? Pues Inés era suya. (ibídem.)

Fortunato parecía mejorar y estar cada vez más joven. Incluso el médico del pueblo consideraba que llegaría a la centena. Mientras tanto Inesiña sufría una terrible enfermedad y cada vez más consumida murió antes de cumplir los veinte años: "algo que expresaba del modo más significativo la ruina de un organismo que había regalado a otro su capital" (ibíd. 1311). Una vez muerta no le faltaron pompas fúnebres, pero Fortunato decidió irse del pueblo en busca de otra novia: "De esta vez, o se marcha del pueblo, o la cencerrada termina en quemarle la casa y sacarle arrastrando para matarle de una paliza tremenda. ¡Estas cosas no se toleran dos veces! Y don Fortunato sonríe, mascando con los dientes postizos el rabo de un puro" (ibídem.).

El título de este cuento se refiere a la figura de Fortunato, pues parece que, al igual que los vampiros, consigue aspirar la juventud y vida de Inesiña y hacerlas suyas. Sin embargo, la explicación racional del hecho es perfectamente plausible, por lo que la duda, en este caso planteada tan solo al lector, no a los personajes, no es resuelta, adscribiéndose así a una de las características de lo fantástico *hoffmaniano,* en el que intuimos algo extraño, fuera de lo normal, pero no sabemos a ciencia cierta lo ocurrido. También encontramos la expresión directa de las opiniones del narrador omnisciente, que se dirige a sus lectores, pincelando a través de la presentación humorística de una imagen grotesca, como es el casamiento entre personas de edades tan diferentes, rasgos de crítica social.

Consideramos que en este cuento la estrategia genérica, que aquí hemos determinado en llamar "la duda", está usada de manera magistral, pues la incertidumbre que se crea en el lector entre las dos explicaciones que puede tener este relato no queda resuelta. Se podría pensar que los habitantes del pueblo se decantan por la explicación sobrenatural, de ahí que el viejo tenga que marcharse del pueblo y que el relato se titule *Vampiro.* Esta sería una historia que podría convertirse en una leyenda popular, pues Pardo Bazán juega con la imaginación del pueblo, abierta a creer en hechos sobrenaturales. Como se verá en el siguiente apartado, el uso de leyendas populares también puede constituir una estrategia para la construcción de lo fantástico. Los lindes entre fantasía y realidad están desdibujados, y el espacio en el que se produce el presunto hecho sobrenatural es real y resulta identificable por el lector: el cuento se desarrolla en una pequeña aldea de Galicia, que puede servir como marco genérico para cualquier pueblo de la Península. De gran importancia es el título que la autora da a este relato, pues, no teniendo nada que ver con las historias de vampiros al uso, es utilizado como un elemento más para confundir y desconcertar a los lectores.

Se trata por tanto, de un cuento que crea lo fantástico mediante la generación de una duda irresoluble en el lector y que, aun teniendo un título que hace referencia a seres de otro mundo, estos no aparecen. Esto afianza la idea de que el relato fantástico no necesita de este tipo de elementos (vampiros, fantasmas, etc.), sino que es la conjunción del marco real en el que el hecho se sitúa, junto con las creencias del pueblo y la posible explicación racional a lo acontecido. Todo ello, crea una atmósfera que no podemos situar en un terreno concreto, ya sea real o ficticio.

## 5.2.2 Leyendas populares

Una estrategia narrativa usada por muchos autores para dar comienzo a sus obras o como base de inspiración para las mismas es el uso de leyendas populares, sirviéndoles estas como hipotexto. Los autores juegan con la ventaja de que las historias tomadas de las tradiciones orales que usan en sus textos pueden ser conocidas por gran parte del público al que sus obras van dirigidas, por lo que el juego intertextual será una de las bases de estos relatos.

En cuanto al uso de las leyendas populares como forma de creación de lo fantástico podemos afirmar que se trata de una estrategia que conlleva resultados muy positivos, debido a que estas historias, insertas en el imaginario colectivo, se mueven siempre entre la realidad y la ficción, es decir, en el terreno de lo fantástico. Las leyendas del folklore tradicional están, en muchos casos, ligadas tanto a hechos reales como a invenciones propias de la imaginación popular, y, como bien señala Romero Tobar: "la transmisión popular de relatos orales constituye la vía más frecuente para la circulación de la materia maravillosa y folclórica" (Romero Tobar 1997: 227). En los cuentos que aquí se van a analizar nos encontramos con dos tipos diferentes de relatos populares que, sin embargo, producen el mismo efecto. En el cuento *Der Sandmann*, la leyenda del hombre de la arena contada por la vieja criada remite a una historia de amplia tradición popular, como podría ser la leyenda del hombre del saco. Sin embargo, en el cuento *Un destripador de antaño* de Pardo Bazán, la historia se sustenta en datos reales pero deformados por la imaginación popular. Es importante señalar que en *Der Sandmann* la leyenda popular no es el elemento más relevante del cuento, pues como ya se ha mencionado existen dos tipos de fantástico en el Romanticismo. En este caso no estaríamos ante las ideas expuestas por Todorov, sino que el uso de estas leyendas populares se acerca más a los hermanos Grimm, Ludwig Tieck o el Barón de la Motte Fouqué.

Queremos llamar la atención sobre una obra del Realismo alemán, *Der Schimmelreiter* (1888) de Theodor Storm, en la que, al igual que ocurre en *Un destripador de antaño*, se ficcionaliza una leyenda popular entretejida con datos reales, lo que abre un nuevo frente de trabajo para estudiar las interesantes y complejas relaciones entre el Realismo y lo fantástico.

## V) Un destripador de antaño

Este cuento fue publicado por primera vez en enero de 1890 en *La España Moderna* (Madrid) y posteriormente pasó a formar parte de la colección *Historias y Cuentos de Galicia* (1900). Este relato no está incluido en el estudio, ya mentado, de Penas Varela, *Fantasía en algunos cuentos de Emilia Pardo Bazán*.

> La leyenda del *Destripador*, asesino medio sabio y medio brujo, es muy antigua en mi tierra. La oí en tiernos años, susurrada o salmodiada en terroríficas estrofas, quizá al borde de mi cuna, por la vieja criada, quizá en la cocina aldeana, en la tertulia de los gañanes, que la comentaban con estremecimientos de temor o risotadas oscuras. Volvió a aparecérseme, como fantasmagórica creación de Hoffmann, en las sombrías y retorcidas callejuelas de un pueblo que hasta hace poco permaneció teñido de colores medievales, lo mismo que si todavía hubiese peregrinos en el mundo y resonase aún bajo las bóvedas de la catedral el himno de *Ultreja*. (Pardo Bazán 1890: 5)

Como puede observarse, el comienzo de *Un destripador de antaño* presenta algunos de los aspectos más relevantes del cuento que en este análisis trataremos en profundidad. En primer lugar destaca el hecho, casi siempre obviado por los críticos, de que mencione explícitamente a Hoffmann. Al aparecer una referencia directa nos hace saber que Pardo Bazán conocía al autor alemán y si analizamos el contexto en el que se inserta esta referencia, es decir, el porqué de la misma, se percibe que lo que se esconde tras ella es una alusión a *Der Sandmann*. La narradora tuvo noticia de una leyenda popular siendo niña, que vuelve a traer a su memoria después de leer una historia en el periódico al igual que Nathanael, tras ver a Coppola, rememora los hechos acaecidos siendo niño, con Coppelius como personaje principal de los mismos. Así pues, el conocimiento del relato *Der Sandmann* por parte de Pardo Bazán queda prácticamente confirmado. Recordemos, además, que en los volúmenes de *Contes fantastiques d'Hoffmann* encontrados en su biblioteca personal se encontraba recogido este cuento.

En segundo lugar, hay que mencionar que los supuestos hechos verídicos que se van a relatar concuerdan con una leyenda popular; el tópico de usar el folklore popular como una forma de introducir lo fantástico lo encontramos también en *Der Sandmann* cuando el pequeño Nathanael pide a su vieja aya que le relate la historia del hombre de la arena. En el caso de Pardo Bazán la historia que se relata en este cuento coincide con ciertos hechos verídicos acontecidos a finales del XIX. En 1880 Juan Díaz de Garayo fue juzgado y mandado ejecutar por varios crímenes cometidos; la leyenda popular le dio el nombre de Sacamantecas, aunque la historia de que este extrajera el unto de sus víctimas parece más propio de las creencias populares que de lo que realmente ocurrió, aunque sí está testimoniado que a una de sus víctimas le sacó los intestinos[28]. Sin embargo, esta historia real está entremezclada con la tradición oral: "La leyenda del *Destripador*, asesino medio sabio y medio brujo, es muy antigua en mi tierra" (Pardo Bazán 1890: 5). Esta estrategia de narrar un crimen ficcionalizado, pero basado en hechos reales, nos recuerda a la obra *Die Judenbuche* (1842) de Annette von Droste-Hülshoff y a la novela *Das Parfum* de Patrick Süskind (1985).

Al ser el recuerdo de una leyenda popular el punto de partida en *Un destripador de antaño*, le resulta más fácil a la autora la introducción del elemento fantástico, pues en muchos casos estas historias no eran tomadas como algo irreal, sino que la difusión de las mismas creaba en los oyentes cierta duda entre la realidad y la ficción, propia de lo fantástico. En este caso, tal y como hemos comprobado, podría tener una base real cercana a la fecha de publicación, por lo que la historia, aunque se decanta por la fantasía del pueblo, también se compondrá de elementos reales:

> Más tarde, el clamoreo de los periódicos, el pánico vil de la ignorante multitud, hacen surgir de nuevo en mi fantasía el cuento, trágico y ridículo como Quasimodo, jorobado con todas las jorobas que afean al ciego Terror y a la Superstición infame. Voy a contarlo. Entrad conmigo valerosamente en la zona de sombra del alma. (Pardo Bazán 1890: 5)

---

28 Para más información sobre este tema ver la obra: *El Sacamantecas. Su retrato y sus crímenes*, por R. B. de B., señalada en la bibliografía.

Las noticias de los periódicos hacen que surja en su fantasía este cuento, lo cual consigue que la verosimilitud quede un tanto desdibujada, pues si es su fantasía la que hace surgir el relato este no tendría por qué estar apegado a sucesos reales, sustentando así la duda creada con las líneas anteriores y que reafirma con la última frase: el cuento transportará al lector a la "zona de sombra del alma". Recordemos en este punto lo mencionado en el apartado "Del Romanticismo al Realismo" del presente trabajo, en el que se veía claramente cómo la autora confrontaba el mundo espiritual, el del alma, al terrenal. Pardo Bazán también aporta las características que ella presupone para su relato, al que considera trágico y ridículo, que se mueve entre lo terrorífico y lo supersticioso.

Tras esta introducción, narrada en primera persona, nos encontramos con que el cuento está dividido en cuatro partes –señaladas en el original con números romanos– y está relatado en tercera persona, supuestamente por la misma persona que escribió las líneas introductorias. En la primera de ellas se describe con detalle el paisaje en el que se inserta la historia, la aldea de Tornelos –situada en Galicia, ya que el título de la colección de cuentos en la que se encuentra es *Historias y Cuentos de Galicia*–, y tras una descripción general del paisaje la autora termina centrándose en una niña del pueblo, Minia. Cuando esta tenía un año y medio se quedó huérfana y su tío se hizo cargo de ella, al igual que del molino que el padre de la pequeña poseía. Tuvo que convivir en su niñez con la mujer de su tío y sus dos hijos: "Minia vivía relegada a la condición de criada o moza de faena. No es decir que sus primos no trabajasen, porque el trabajo a nadie perdona en casa del labriego; pero las labores más viles, las tareas más duras, guardábanse para Minia" (ibíd. 10). Tras la bonanza inicial del molino el molinero comenzó a gastar mucho en la taberna y así se produjo un desajuste en las cuentas familiares. La única que velaba por la economía familiar era Pepona, la mujer del molinero:

> [...] mujer avara, codiciosa, ahorrona hasta de un ochavo, tenaz, vehemente y áspera. Levantada antes que rayase el día, incansable en el trabajo, siempre se la veía, ya inclinada labrando la tierra, ya en el molino regateando la maquila, ya trotando, descalza, por el camino de Santiago adelante con una cesta de huevos, aves y verduras en la cabeza, para ir a venderla al mercado. (ibídem.)

Tras un año de tremenda sequía, perdida la cosecha, Minia fue la que más sufrió las consecuencias, pues le daban harapos para vestirse, pan enmohecido para comer y su hermanastro, después de las noches de juerga, siempre acababa golpeándola y, aunque la joven no se quejaba, vivía en un estado de angustia constante.

Esta primera parte del cuento, como se ha visto, se dibuja el marco en el que la historia, ya aludida por la narradora en la introducción, tiene lugar y se presentan algunos de los personajes principales del relato. En la segunda parte las penurias de los molineros son cada vez más atroces, incluso llegan a pensar en robar al párroco. Para intentar ganar algo de dinero Pepona ha de ir a Santiago de Compostela a vender algunas frutas, verduras, etc. Uno de esos días se encuentra con Jacoba, vecina suya, que iba a la ciudad a comprar medicinas para su marido enfermo, aunque el sitio al que se dirige, la botica de don Custodio, se describe como un lugar misterioso, en el que nadie quería entrar:

> -Bien sabe el Señor Nuestro Dios que me lleva la salud del hombre, porque la salud vale más que las riquezas. No siendo por amor de la salud, ¿quién tiene valor de pisar la botica de don Custodio?
>
> Al oír este nombre, viva expresión de curiosidad azorada se pintó en el rostro de la Pepona y arrugose su frente, corta y chata, donde el pelo nacía casi a un dedo de las tupidas cejas.
>
> -¡Ay! Sí, mujer... Yo nunca allá fui. Hasta por delante de la botica no me da gusto pasar. Andan no sé qué dichos, de que el boticario hace *meigallos*. (ibíd. 18–19)

En este momento se introduce por primera vez en el relato el personaje que da pie a la creación de la leyenda popular, el destripador, personificado en el boticario don Custodio. La conversación de las mujeres muestra al lector el miedo que este personaje produce entre las gentes, pues Jacoba, si no fuera para ayudar a su marido que está enfermo, y como última opción, no tendría valor para acercarse hasta allí. En este punto, se introduce el primer elemento misterioso del relato: el boticario, un hombre que prepara *meigallos*, es decir, unas unciones o brebajes que, por la forma en la que aquí son mencionados, parecen más productos de magia negra que remedios caseros capaces de obrar milagrosamente: "¿quién piensa que le quitó la reuma al cura de Morlán? Cinco años llevaba en la cama, baldado, imposibilitado..., y de repente un día se levanta, bueno, andando como usté y como yo. Pues, ¿qué fue? La untura que le dieron en los cuadriles, y que le costó media onza en casa de don Custodio" (ibíd. 20). Estos "milagros" parecen un producto de intervención demoníaca más que divina. Las dos mujeres convienen en entrar juntas a la botica, que al igual que el boticario, está descrita con tono lúgubre y misterioso:

> Bajábase a ella por dos escalones, y entre esto y que los soportales roban luz, encontrábase siempre la botica sumergida en vaga penumbra, resultado a que cooperaban también los vidrios azules, colorados y verdes, innovación entonces flamante y rara. La anaquelería ostentaba aún esos pintorescos botes que hoy se estiman como objeto de arte, y sobre los cuales se leían, en letras góticas, rótulos que parecen fórmulas de alquimia: *Rad. Polip. Q.— Ra, Su. Eboris — Stirac. Cala —* y otros letreros de no menos siniestro cariz. [...] Parecía hombre de unos cuarenta y tantos años; era de rostro chupado, de hundidos ojos y sumidos carrillos, de barba picuda y gris, de calva primeriza y ya lustrosa, y con aureola de largas melenas, que empezaban a encanecer: una cabeza macerada y simpática de santo penitente o de doctor alemán emparedado en su laboratorio. [...] No habló palabra, contentándose con mirar fijamente a las comadres. Jacoba temblaba cual si tuviese azogue en las venas y la Pepona, más atrevida, fue la que echó todo el relato del asma, y de la untura, y del compadre enfermo, y del doblón. (ibíd. 21)

La alquimia es aquí, al igual que en *Der Sandmann*, un elemento que por sí solo crea una atmósfera extraña, ya que al ser una práctica que consigue alterar las leyes físicas produce miedo en todos aquellos no familiarizados con ella. El boticario provoca tan solo con su mirada terror en Jacoba y es Pepona la que ha de hablar. Esta escena es un reflejo del miedo que el propio personaje del boticario producía en las gentes de aldea, pero, sin embargo, aquello que realmente crea el ambiente tétrico es la leyenda que corre en torno a don Custodio:

> Estos remedios tan milagrosos, que resucitan a los difuntos, hácelos don Custodio con unto de moza. [...] De moza soltera, rojiña, que ya esté en sazón de poder casar. Con un cuchillo le saca las mantecas, y va y las derrite, y prepara los medicamentos. Dos criadas mozas tuvo, y ninguna se sabe qué fue de ella, sino que, como si la tierra se las tragase, que desaparecieron y nadie las volvió a ver. Dice que ninguna persona humana ha entrado en la trasbotica; que allí tiene una trapela, y que muchacha que entre y pone el pie en la trapela..., ¡plas!, cae en un pozo muy hondo, muy hondísimo, que no se puede medir la profundidad que tiene..., y allí el boticario le arranca el unto. (ibíd. 24)

He aquí la leyenda popular: don Custodio asesina jóvenes para usar su unto en los prodigiosos remedios que hace, y de ahí el miedo y el reparo de Jacoba a comprar en la botica. Es de gran importancia para el análisis de este relato tener en cuenta la perspectiva de los personajes, que podemos asociar con personas reales del entorno rural de finales del XIX, pues su visión del mundo es, en nuestra opinión, lo que sugiere lo fantástico del mismo. La creencia ciega en esta práctica, que para ellos no es folklore popular, sino realidad, produce un ambiente en el que ficción y realidad constituyen un todo indivisible.

En la tercera parte del cuento se presenta al boticario y a su fiel amigo, el canónigo Lucas Llorente: "Este tal era constante amigo e íntimo confidente de don Custodio, y, a ser verdad los horrendos crímenes que al boticario atribuía el vulgo, ninguna persona más a propósito para guardar el secreto de tales abominaciones que el canónigo don Lucas Llorente, el cual era la quinta esencia del misterio y de la incomunicación con el público profano" (ibíd. 26–27). El canónigo aconsejó al boticario dejar correr los rumores sobre su persona para, así, al sustentar su negocio en el misterio, ganar más dinero. El problema sobreviene cuando una mujer de aldea, que identificamos con Pepona, va a visitarle para intentar venderle a su sobrina, la cual encajaba con la descripción que el bulo popular hacía de la moza adecuada para ser usada en sus perversos propósitos. Don Custodio, asustado por no haber disuadido a la mujer de que él no usaba el unto de las mozas para hacer sus remedios, decide acercarse a la casa de la molinera para llevarse a la sobrina, Minia, y salvarla de las garras de su tía. Pero la tía, fuertemente convencida de la leyenda, ya la había matado:

> De repente, allí mismo, bajo los rayos del sol, del alegre, hermoso, que reconcilia a los humanos consigo mismos y con la existencia, divisó un bulto, un cuerpo muerto, el de una muchacha... Su doblada cabeza descubría la tremenda herida del cuello. Un *mantelo* tosco cubría la mutilación de las despedazadas y puras entrañas; sangre alrededor, desleída ya por la lluvia, las hierbas y malezas pisoteadas, y en torno, el gran silencio de los altos montes y de los solitarios pinares... (ibíd. 34)

La cuarta y última parte del cuento narra cómo Pepona fue ajusticiada y su marido enviado a presidio, sin embargo, lo más interesante es lo ocurrido con don Custodio: "Pero la intervención del boticario en este drama jurídico bastó para que el vulgo le creyese más destripador que antes, y destripador que tenía la habilidad de hacer que pagasen justos por pecadores, acusando a otros de sus propios atentados" (ibíd. 35). Con todo ello vemos que la leyenda que pesa sobre las actividades de don Custodio queda fijada completamente como leyenda popular entre las gentes de la zona.

Termina así el cuento de Pardo Bazán, sin que la voz narrativa de la introducción vuelva a aparecer. Entendemos que esto ha sido formulado deliberadamente por la autora, pues consigue que la verosimilitud del narrador en tercera persona, que hemos asociado a la voz que relata la introducción y que podría ser la de la propia autora, se vea cuestionada. Si es un relato que a este narrador le ha llegado por terceros, de oídas, no tendría por qué adecuarse a los hechos realmente acaecidos. Debemos mencionar de nuevo la referencia explícita a Hoffmann en las primeras líneas de relato y el comentario explícito a que el cuento surge en la fantasía del narrador o narradora: "Más tarde, el clamoreo de los periódicos, el pánico vil de la ignorante multitud, hacen surgir de nuevo en mi fantasía el cuento [...]" (ibíd. 5). Todo ello, sumado al hecho de haber perdido la verosimilitud que producía la introducción al cuento en la que parecía que se iba a narrar un hecho conocido de primera mano, hace que no podamos estar seguros de cuáles eran las actividades del boticario, aunque se deja intuir que se dedica a la alquimia. La conjunción de estos elementos hace que en el lector comience a surgir la duda de si está ante un hecho real o ante imaginaciones provenientes de las creencias populares. Sin embargo, si en el lector la duda entre ficción popular y realidad queda difuminada, en los personajes esta fusión resulta perfecta y la incertidumbre derivada de lo fantástico queda clara. Estos personajes, trasuntos de personas reales de zonas rurales gallegas, vivían en un mundo en el que lo ficticio y lo real estaba perfectamente fusionado. Pardo Bazán consigue con este cuento insinuar lo extraño, lo misterioso, y mostrar un mundo equívoco y ambiguo propio de los relatos fantásticos *hoffmanianos*. La autora gallega, al igual que Hoffmann, muestra en este relato lo fantástico de la vida cotidiana. A este respecto, volvemos a traer una cita, ya señalada en este trabajo, pues consideramos que, escrita a colación de la narrativa de Hoffmann, se adapta perfectamente al relato al que nos acabamos de enfrentar: "Hoffmann descubre por medio de la fantasía lo monstruoso detrás de la fachada lisa de lo real, pero también la fantasía le proporciona la distancia frente a lo terrible que existe en la realidad" (Safranski 2007:201). Sin embargo, se ha de señalar que aunque los dos trabajan la realidad circundante, los cuentos de Hoffmann se adscriben al mundo urbano, mientras que en este caso el cuento de la autora gallega se desarrolla en el mundo rural y está apegado a las raíces culturales del mismo. Este hecho hace que la recepción de las obras sea diferente, en el caso de Hoffmann el relato está dirigido a la burguesía urbana de la época, por lo que la leyenda del hombre de la arena sería entendida tan solo como un cuento para asustar a los niños; el cuento de Pardo Bazán, sin embargo, está ambientado en la Galicia rural, que como ya señalamos es uno de los lugares más aptos para las meigas, los fantasmas, y demás seres sobrenaturales, en definitiva, es un lugar perfecto para que se produzcan los sucesos más extraños. Esto unido al hecho de que la leyenda del destripador tenía una base real pudo hacer que a ciertos lectores familiarizados con la misma les fuera más complejo diferenciar la realidad de la ficción.

No encontramos en este relato ningún elemento sobrenatural –que, como ya se mencionó, no es indispensable para la creación de lo fantástico–, pero la ambigüedad del mismo es la que hace que el lector se pregunte si está ante un relato realista o de corte fantástico. Como se ha visto, uno de los elementos más importantes para lo fantástico *hoffmaniano* es crear incertidumbre en lectores y personajes, que, además, deben estar insertos en el mundo real, un mundo con el que el lector se pueda identificar. Consideramos que esto es lo que ocurre en este cuento de Pardo Bazán, si bien, en este caso, introducido por el uso de una leyenda popular. La autora además se sirve de estas tradiciones populares, de la (in)verosimilitud de la narración y de un entorno propenso a lo fantástico como es la Galicia rural. Finalmente, ha de ser el lector el que se decida por una de las dos respuestas plausibles, pues el relato, desde su ambigüedad, no resuelve el misterio.

### 5.2.3　El Doble

Hoffmann fue uno de los grandes maestros en la utilización del motivo del doble, el cual aparece en varios de sus relatos, incluido *Der Sandmann*. Pardo Bazán también usa este motivo en su cuento *La Borgoñona,* por lo que aquí nos disponemos a analizar si en este cuento se da un tratamiento de lo que hemos determinado en llamar fantástico *hoffmaniano* y si el motivo del doble tiene correspondencia con el usado por Hoffmann en su obra.

En el siglo XVIII muchos escritores comienzan a interesarse por temas como el de la duplicidad de la existencia humana o el desdoblamiento de conciencia insatisfecha del yo, lo cual plasmaron a través del mito del doble, conocido bajo la forma de *Doppelgänger*. Jean Paul, el primero en usar el término, lo hizo con sentido de "imagen «desdoblada» del yo en un individuo externo, en un yo-otro" (Herrero Cecilia 2011: 22). El *Doppelgänger* produce confusión, borra los límites de la identidad individualizada y crea una atmósfera extraña, propia del ámbito de lo fantástico, que cuestiona el orden natural del mundo. Hoffmann trató este tema en varias de sus obras como *Don Juan, Die Abenteuer der Sylvester-Nacht, Die Elixiere des Teufels* o *Der Sandmann,* y muchos otros escritores desarrollaron este tema en sus textos, como por ejemplo Poe, Dostoievsky, Maupassant, Kafka o Borges.

La confusión que se produce con el desdoblamiento puede llevar a una perturbación en las diferencias que se dan entre la identidad y la alteridad, entre el uno y el otro, o bien el equívoco que lleve a un observador externo a identificar a dos sujetos como uno:

> En un relato fantástico, el personaje principal (o el narrador-personaje) podrá entonces encontrarse confrontado a su propio doble (doble subjetivo o interior) o al doble de otro personaje (doble objetivo o exterior). Los dos tipos de desdoblamiento pueden ser percibidos como algo físico (el doble es un ser gemelo, o una especie de sosia o de duplicado del yo –doppelgänger– o del otro) o como algo psíquico (un fenómeno percibido o imaginado desde la mente de un sujeto). En el primer caso (fenómeno físico) estaríamos entonces ante dobles externos (subjetivos u objetivos) y, en el segundo caso (fenómeno psíquico), ante dobles internos, porque el doble «subjetivo» del «yo» puede deberse a una fragmentación o escisión de la personalidad del personaje, o porque el doble «objetivo» del «otro» puede ser un efecto de la percepción deformada o deformante del sujeto que le percibe, o un resultado de su imaginación paranoica. (Herrero Cecilia 2011: 25)

Atendiendo a esta clasificación, las figura del doble que aparece tanto en *Der Sandmann* como en *La Borgoñona,* entendida como la coexistencia de dos cuerpos alternados en un mismo mundo que son vistos por un personaje externo, se asocian con la definición de dobles objetivos o exteriores. Sin embargo, es más complejo concluir si estos personajes se corresponden con lo que Herrero Cecilia califica como dobles externos o físicos o dobles internos o psíquicos, dado que ahí reside la complejidad de los dos cuentos a analizar, el lector no sabe de manera certera si el personaje del "otro" es una creación psicológica de los protagonistas o por el contrario nos encontramos ante dos figuras reales y diferenciadas.

El análisis teórico del doble es complejo y hoy en día contamos con muy diversas teorías al respecto. No es este el lugar para extenderse sobre la complejidad de la temática del doble, pues tan solo queremos pincelar algunas características genéricas que nos ayuden a comprender cómo los dos autores aquí tratados hacen uso del mismo. Es por ello que nos detendremos solo en una de las teorías más importantes sobre el doble, la de Lubomír Doležel:

> El tema del doble debió ser inventado por una mente kripkeana, ya que expresa la idea básica del modelo de los mundos posibles: cuando pensamos o hablamos sobre un individuo, no lo hacemos únicamente sobre su existencia real, sino también sobre todas las posibles trayectorias de vida que él o ella podría seguir o que pudiese haber seguido. (Doležel 2003: 265)

Doležel remitiéndose a la teoría de los mundos posibles realiza una clasificación del doble en tres temas. El primer tema es el denominado el *tema Orlando*: "un único individuo [...] existe en uno o más mundos ficticios alternativos." (Doležel 2003: 266). El segundo recibe el título de *tema Anfitrión*: "se genera por la coexistencia, en un mismo mundo, de dos individuos con diferentes identidades personales, pero completamente homomórficos en sus propiedades esenciales en la temática selectiva es también conocido bajo el marbete de «Doppelgänger» o « gemelos idénticos»" (Doležel 2003: 266). En último lugar Doležel habla del *tema del doble*: "surge cuando dos encarnaciones alternas de un único individuo coexisten en el mismo mundo de ficción" (Doležel 2003: 266). Consideramos que en *La Borgoñona* de Pardo Bazán encontramos el *tema del Anfitrión* y en *Der Sandmann* el *tema del Doble* como se demostrará a través del siguiente análisis del relato de Pardo Bazán.

## VI) La Borgoñona

El cuento *La Borgoñona* de Emilia Pardo Bazán fue publicado por primera vez como parte de la colección de relatos *La dama joven* en 1885 y compilado posteriormente en *Cuentos Sacroprofanos* (1899). *La Borgoñona* comienza con una breve introducción en la que un narrador en primera persona, que podría identificarse con la autora, cuenta que encontró la leyenda que va a narrar en una crónica franciscana, distanciándose por tanto del hecho real y contando tan solo una versión del mismo: "Así yo, desde que leí la historia milagrosa que –escrúpulos a un lado– voy a contar" (Pardo Bazán 1973a: 1212). Así, la verosimilitud de la narradora queda comprometida desde las primeras líneas del relato. A este respecto debemos señalar que la identificación narradora/autora queda patente en el momento en el que Emilia Pardo Bazán señala en el «Prólogo» a su colección de cuentos *La dama joven,* cómo fue su primer contacto con esta leyenda:

> Al consultar los libros indispensables para mi *San Francisco de Asís,* encontré el asunto de *La Borgoñona,* con otros muchos semejantes, que se destacaban de la monotonía de las crónicas, lo mismo que las letras mayúsculas de color descuellan sobre los negros y uniformes caracteres góticos de un viejo libro de coro. (Pardo Bazán 1907: VI)

Consideramos que el uso de esta técnica es una forma de distanciamiento del hecho acontecido, de forma que la veracidad del relato queda en entredicho y la confusión del lector comienza a fraguarse. Tras la breve introducción en primera persona nos encontramos con que el relato está dividido en dos partes que están contadas por un narrador omnisciente –estructura similar a la ya vista en *Un destripador de antaño*–, por lo que se incrementa el efecto de distanciamiento entre el supuesto hecho real ocurrido y la historia que tenemos en nuestras manos.

También debemos poner en duda la hipotética impronta sagrada del texto no solo por el título de una de las colecciones de cuentos en la que esta historia fue recogida, *Cuentos Sacroprofanos,* sino porque la misma autora lo menciona en el ya señalado *Prólogo* a *La dama joven*:

> A ese tenor pude recoger un rosario de leyendas hagiográficas, apiñadas como flores en vara de azucena, y embalsamadas con el vaho de incienso que comunica *La Borgoñona* a este profano libro: aroma del éxtasis y de la bienaventuranza, despertador de las mismas ideas ultraterrestres que el claustro franciscano de Compostela, donde todo es paz y silencio. (Pardo Bazán 1907: VI)

Todo ello consigue que el lector no sepa a qué acogerse, si a una historia religiosa o a una profana, o a si el hecho narrado es más propio del ámbito legendario o por el contrario fue real. Se construye así una atmósfera extraña propicia para lo fantástico y para la inserción del doble.

La primera parte del cuento se sitúa en una granja aislada, situada en las inmediaciones de Dijon, en la cual vive un padre con su hija, más los criados y trabajadores de la misma. El hombre era un "cosechero ricote […] avaro y mezquino" (Pardo Bazán 1973a: 1212) que escatimaba en lo más mínimo a sus jornaleros. "La crónica omite el nombre de la doncella, que bien pudo llamarse Berta, Alicia, Margarita o cosa por el estilo, pero a nosotros nos ha llegado con el sobrenombre de La Borgoñona" (ibíd. 1213), la cual era sensible, tierna y generosa. Un día de invierno, estando la joven ante la puerta de la granja, apareció un hombre vestido pobremente, con los pies desnudos, que si bien a primera vista le pareció un mendigo, se trataba de un penitente seguidor de San Francisco de Asís. La chica le invitó a pasar a la casa y a darle cobijo y quedó embelesada con las historias que él le contó sobre los prodigios de Asís, además de por la propia presencia del hombre. Cuanto más arengaba este contra los avaros y los duros de corazón que nunca daban limosna, más crecía la ira del padre y el éxtasis de la joven, hasta el punto de que esta no pudo dormir en toda la noche, presentándose finalmente en la alcoba del peregrino. Allí le encontró rezando de rodillas, con los brazos en cruz, y la Borgoñona le pidió que le llevara con él, que le enseñara a predicar y a vivir en la pobreza transmitiendo las enseñanzas de Asís. La respuesta del peregrino fue desprenderse de ella con una violenta sacudida y tras hacer la señal de la cruz, saltó por la ventana exclamando "¡Hermano Francisco, váleme!" (ibíd. 1215).

La segunda parte del cuento comienza con la narración de cómo la Borgoñona cosió un burdo sayal, cortó su cabellera rubia y, adoptando la apariencia de un joven muchacho, se escapó de la granja. Pidiendo limosna y siguiendo las directrices que el peregrino le había relatado sobre los hermanos que seguían las enseñanzas de Asís pasó de aldea en aldea hasta llegar a París. Allí una vieja, viendo en el estado en el que se encontraba, la alojó en casa de su señor, y esperaron a que llegara para poder cenar. Era este un hidalgo estudiante y al entrar en la sala la Borgoñona le reconoció como el penitente: "aquel gallardo caballero tenía la misma cara y talle del penitente. Conoció sus grandes ojos negros, sus nobles facciones. Sólo la expresión era distinta. En esta dominaba un júbilo tumultuoso, una especie de energía sensual" (ibíd. 1217), incluso la voz le pareció la misma. Durante la cena, "sin dar crédito a sus sentidos" (ibídem.), la joven estudió detenidamente al estudiante comparándole con el penitente: "tratando de cerciorarse de si el penitente y el hidalgo componían un solo individuo" (ibíd. 1218), mientras el vino no dejaba de correr en sus copas. Más tarde, cuando todos estaban acostados, la Borgoñona estudió a la luz de las llamas la cara del estudiante y acercándose tanto a él terminó por despertarle; del susto, la joven se fue corriendo de la casa y al igual que el penitente exclamó: "¡Hermano Francisco, váleme!" (ibíd. 1215). En la calle vio salir de un humilde edificio a unos hombres portando un ataúd: "la doncella se inclinó hacia el ataúd abierto y vio, acostado sobre la ceniza, sin que pudiese caber duda alguna respecto a su entidad, el cadáver del penitente" (ibíd. 1219). Los hombres que lo portaban, le dijeron que el hombre había muerto la tarde anterior; tras escuchar esto la Borgoñona entró en el edificio donde le dijeron que vivía el penitente, un convento de la regla de San Francisco de Asís, y allí estuvo hasta sus últimos días, sin que nadie supiera de su secreto hasta el día de su muerte, cuando decidieron enterrarla en un cementerio de Clarisas, que por aquel entonces ya existían en París.

En esta obra encontramos la figura del doble personificada en el penitente y en el hidalgo estudiante. Si la analizamos desde la perspectiva de la teoría de Herrero Cecilia, podemos afirmar, como ya se ha mencionado en líneas anteriores, que el Doble que Pardo Bazán presenta en este cuento responde a la caracterización de doble objetivo o exterior, dado que el personaje principal se ve enfrentado a un doble que no es el suyo propio. La Borgoñona se enfrenta a los personajes del penitente y del hidalgo estudiante, al igual que en *Der Sandmann* Nathanael se enfrenta a Coppelius y Coppola. Por otro lado, si analizamos la figura del doble siguiendo la clasificación de Doležel consideramos que en *La Borgoñona* de Pardo Bazán encontramos el *tema del Anfitrión* y en *Der Sandmann* el *tema del Doble*. En el cuento de la escritora gallega aparecen en un mismo mundo dos personajes diferentes pero totalmente idénticos físicamente. Sin embargo, en el relato de Hoffmann vemos que la pareja Coppelius/Coppola son dos encarnaciones de un único individuo, en un mismo mundo; en un primer momento podríamos pensar que estamos ante el *tema del Anfitrión,* pero esta duda queda resuelta cuando en una de las escenas finales del relato, durante la pelea por la autómata Olimpia, el narrador nombra a un mismo personaje con sus dos nombres posibles, convirtiéndolo así en uno solo:

> Es waren Spalanzanis und des gräßlichen Coppelius Stimme, die so durcheinander schwirrten und tobten. Hinein stürzte Nathanael von namenloser Angst ergriffen. Der Professor hatte eine weibliche Figur bei den Schultern gepackt, der Italiener Coppola bei den Füßen, die zerrten und zogen sie hin und her, streiten in voller Wut um den Besitz. (Hoffmann 2009: 44)[29]

---

29  "He aquí lo que decían aquellas dos voces formidables, que eran las de Spalanzani y de Coppelius. Nataniel, fuera de sí, descargó un puntapié en la puerta y se precipitó en la habitación, en medio de los combatientes. El Profesor y el italiano Coppola se disputaban con furia una mujer, el uno tiraba de ella por los brazos, y el otro por las piernas" (Hoffmann 2007: 312–313).

El insertar la figura del doble en estos relatos ayuda a la creación de la duda fantástica, sin embargo, consideramos que no solo encontramos en los dos textos el uso de este motivo, sino que podemos decir que en los dos parece darse la resolución del conflicto, en Hoffmann tras la citada identificación entre Coppelius/Coppola, y en *La Borgoñona*, al encontrarse la joven con el cadáver del penitente. Sin embargo, no consideramos que la duda quede totalmente resuelta, sino que permanece sustentada tanto por el narrador en tercera persona, poco verosímil en los dos casos por ser ajeno a los hechos, como por el hecho de que los personajes principales de las dos historias no quedan satisfechos con la solución más plausible, el equívoco. Además, en el caso de *La Borgoñona* se debe atender al efecto que pudo causar en ella el consumo de vino durante la cena, algo que pudo enajenar sus sentidos y que no hace más que incrementar la incertidumbre. En cuanto a este aspecto, y retomando la teoría de Herrero Cecilia, no podríamos determinar de manera certera si la figura del doble en estos relatos responde a una causa física (pues nos encontramos ante dos personajes diferentes), o más bien a una psicológica, es decir, el desdoblamiento es producto de una mente enajenada.

El final de los dos relatos es también reflejo de esta duda creada en los propios personajes, pues no asumiendo los hechos acontecidos en los que el motivo del Doble ha jugado un importante papel, Nathanael se suicida y la Borgoñona decide encerrarse en un convento de por vida.

### 5.2.4 La simbología de los ojos

El símbolo por excelencia de la percepción sensorial es el ojo. Sin embargo, en este apartado lo analizaremos en tanto que símbolo de muerte y desde un punto de vista psicoanalítico, como representación de la angustia de la castración, ya que consideramos que tanto la teoría de Freud como la relación entre los ojos y la muerte aportan una nueva lectura del cuento *Los pendientes* de Pardo Bazán.

Freud, en su artículo *Das Unheimliche* (1919), relaciona el miedo a perder los ojos con el miedo infantil a la castración, situando así los ojos como elemento principal del relato *Der Sandmann*, a través del cual viene dado lo *unheimlich*. La teoría de Jentsch, por el contrario, asocia lo *unheimlich* con la figura de la autómata. Este es un elemento que se repite constantemente en la obra, y está ligado a Coppelius, al vendedor de barómetros Coppola, a Clara y a Olimpia. La perspectiva de Freud, interesante desde el punto de vista del psicoanálisis, y que aplicaremos al estudio del cuento *Los pendientes,* deja fuera la simbología que los ojos como augurio de muerte tienen en la obra y que aquí brevemente esbozaremos.

La relación entre los ojos y la muerte queda establecida en *Der Sandmann* en la escena en la que Nathanael lee su poema a Clara: "Nathanael blickt in Clara's Augen; aber es ist der Tod, der mit Clara's Augen ihn freundlich anschaut" (Hoffmann 2009: 31)[30]. Será posteriormente cuando esta relación se materialice, exactamente en la escena en la que Nathanael encuentra a su amada Olimpia despedazada, sin ojos, muerta: "Hui –hui –hui! – Feuerkreis –Feuerkreis! dreh dich Feuerkreis –lustig –lustig!" (Hoffmann 2009: 45)[31]. Estas palabras serán repetidas por Nathanael al final del relato cuando intenta tirar a Clara torre abajo, por lo que parece que los ojos, en última instancia los de la Olimpia inerte, le han llevado a ese estado de confusión mental y le acercan a la muerte.

## VII) Los pendientes

El cuento *Los pendientes* fue publicado en la revista *Blanco y negro,* número 927, en 1909. En el Tomo III de las *Obras Completas* de Pardo Bazán, publicado por Aguilar, aparece recogido como cuento fantástico.

El relato narra, en tercera persona, la historia de Floraldo, un joven galán que se enamora de Claraluz, de la que se dice que tiene unos "ojos claros, puros, luminosos" (Pardo Bazán 1973d: 304), y tras cortejarla consigue que esta caiga rendida en sus brazos. Pero habiendo conseguido lo que quería pronto se cansó de la bella Clarazluz, fijando su mirada en Mara: "la amarga, la cava impúdica, la sonriente" (ibídem.), hija de un hebreo y una gitana. Por mucho que él le rogara, ella no cedía a sus suplicas; el galán llegó incluso a presentarse un día con un cofre lleno de joyas de oro, perlas y diamantes, pero la danzarina las despreció, pues lo único que le haría cambiar de idea sería que el joven le presentase una joya única, los ojos

---

30  "Nathanael mira a los ojos de Clara; pero es la Muerte la que le mira amable desde esos ojos" (Hoffmann 2007: 300).

31  "¡Uy, uy, uy!... *Círculo de fuego*... ¡*Círculo de fuego!* ¡Gira, *círculo de fuego*... qué divertido...qué divertido!" (Hoffmann 2007: 13).

de Claraluz: "Hay [...] una cristiana de brillantes ojos, a quien amabas antes que a mí. Dame esos ojos de luz para hacerme unos pendientes y entonces..." (ibídem.). Floraldo en un primer momento se horrorizó con la petición de Mara, sin embargo, finalmente decidió acercarse a la reja de Claraluz y con "arrullos y engaños la quiso persuadir de que necesitaba sus ojos como remedio prescrito para enfermedad de muerte" (ibídem.). Claraluz, aun sabiendo del engaño, aceptó a darle sus ojos diciéndole: "[...] mis ojos seguirán brillando como zafiros orientales en las orejas de la que prefieres ahora. Oye bien... Sólo se apagarían si ella te traicionase... ¡Acuérdate! Si ves extinguidos mis ojos, olvídala y vuelve a mi... En mi corazón encontrarás consuelo. Porque la traición duele mucho, alma mía. No dolerá tanto arrancarse los ojos, de seguro" (ibíd. 305). Media hora después el galán recibió una cajita con "dos espléndidos zafiros" (ibídem.), que en las orejas de la gitana dejaban un rastro brillante, un destello sin igual, el gentío la seguía por las calles para poder admirar "las dos piedras únicas en el mundo" (ibídem.). Incluso la reina quiso ver los "aretes y sintió la contracción de la garganta que causa el deseo muy vivo de una cosa que no nos atrevemos a poseer" (ibíd. 306). Los celos de Floraldo eran continuos pero, mientras "[que] los zafiros no se extinguiesen" (ibídem.) sabría que no habría sido traicionado. Resultó que un día tuvo que retarse en duelo con otro pretendiente de la bailarina y tras dar una estocada a su adversario, Floraldo volvió al lado de su amada y al mirar los pendientes vio que "ninguna claridad emitían..." (ibídem.). Al sentirse engañado, desenvainó la espada y la clavó en Mara, atravesándole de un lado a otro.

En este cuento se nos presenta por un lado el análisis desde el punto de vista del tratamiento de lo fantástico *hoffmaniano* y por otro el estudio de la simbología de los ojos. Comenzaremos con este segundo, ya que, al estar interrelacionados, consideramos que primero se ha de analizar este símbolo tanto en *Der Sandmann* como en *Los pendientes*.

"Los ojos eran uno de los elementos más codiciados para la fabricación de elixires y pócimas mágicas. El comercio con ojos es también un motivo muy frecuente en la cuentística popular" (Hoffmann 2009: 23 n. 6). En *Der Sandmann* consideramos que el motivo de los ojos está ligado sobre todo a tres personajes: Coppola/Coppelius, Olimpia y Nathanael. Sin embargo, la primera referencia que se hace a los mismos la encontramos en la leyenda popular del hombre de la arena, al que se describe como un hombre malvado que echa arena en los ojos de los niños, haciendo que estos, ensangrentados, se salgan de sus órbitas, para poder recogerlos y dárselos como alimento a sus hijos. El problema aparece cuando Nathanael personifica a este hombre de la arena en el abogado Coppelius, al que cree ver, el día que está espiando en el estudio de su padre, echándose encima de él para arrancarle los ojos. Los ojos vuelven a aparecer con la llegada del vendedor de barómetros Coppola, al que reconoce como Coppelius, y que más adelante intentará venderle ojos: "[...] hab auch sköne Oke – sköne Oke!" (Hoffmann 2009: 35)[32], que resultan ser gafas y catalejos. Con el catalejo, que le termina comprando, espía a Olimpia, a la que prácticamente al final de la obra encuentra descuartizada por Spalanzani y Coppelius/ Coppola. Los ojos de Olimpia aparecen ensangrentados, al igual que los de la leyenda popular, y Nathanael parece volverse loco:

> –Erstarrt stand Nathanael– nur zu deutlich hatte er gesehen, Olimpias toderblei-
> chtes Wachsgesicht hatte keine Augen, statt ihrer schwarze Höhlen; sie war eine
> lebelose Puppe. [...] Nun sah Nathanael, wie ein Paar blutige Augen auf dem
> Boden liegend ihn anstarrten, die ergriff Spalanzani mit der unverletzten Hand
> und warf sie nach ihm, daß seine Brust treffen. –Da packte ihn der Wahnsinn mit
> glühenden Krallen und fuhr in sein Inneres hinein Sinn und Gedanken zerreißend.
> (Hoffmann 2009: 45)[33]

Por lo que los ojos, arrancados y ensangrentados, producen en Nathanael, en dos momentos diferentes, el estado de locura que queda plasmado al final del relato, motivo por el cual se suicida (analizaremos este motivo detenidamente en líneas posteriores, pero sí creemos conveniente mencionar en este punto la idea de que en las dos historias este motivo de los ojos lleva a la muerte).

Freud en su artículo *Das Unheimliche* se ayudó para definir "lo siniestro" del cuento *Der Sandmann*. Para Freud: "lo siniestro sería aquella suerte de

---

32  "Tambén teng' h'mosos ocos... h'mosos ocos..." (Hoffmann 2007: 303).

33  "Nathanael se quedó petrificado: con demasiada claridad había visto que el rostro céreo y mortalmente pálido de Olimpia no tenía ojos, sino negras cuencas en su lugar; era una muñeca sin vida. [...] Entonces, Nathanael vio un par de ojos sangrientos mirándole tirados en el suelo, Spalanzani los cogió con la mano que no tenía herida y se los tiró, alcanzándole en el pecho. En ese momento la locura se apoderó de él con ardientes garras, y penetró en su interior destrozando sentido y pensamiento" (Hoffmann 2007: 313)

espantoso que afecta las cosas conocidas y familiares desde tiempo atrás"
(Freud 2001: 12), y en su argumentación posterior explicará bajo qué condiciones lo familiar puede llegar a convertirse en siniestro. Las primeras
páginas son un catálogo de definiciones de lo *Unheimliche* según diferentes
diccionarios de la época y según Jentsch, que defendía que el mejor ejemplo
para analizar lo siniestro era " «la duda que un ser aparentemente animado,
sea en efecto viviente»; y a la inversa: de que un objeto sin vida esté en
alguna forma animado" aduciendo con tal fin, la impresión que despiertan
las figuras de cera, las muñecas «sabias» y los autómatas" (Freud 2001: 18).
Freud no está de acuerdo con esta afirmación y para ello hará uso del relato
de Hoffmann, argumentando que: "el *sentimiento de lo siniestro es inhe-
rente* a la figura del arenero, es decir, a la idea de ser privado de los ojos"
(Freud 2001: 21). Su teoría sobre lo *Unheimliche* se centra, por tanto, en
el motivo de los ojos:

> [...] *la experiencia psicoanalítica nos recuerda que herirse los ojos o perder la
> vista es un motivo terrible de angustia infantil.* Este temor persiste en muchos
> adultos, a quienes *ninguna mutilación espanta tanto como la de los ojos.* [...]
> El estudio de los sueños, de las fantasías y de los mitos nos enseña, además, que
> el temor por la *pérdida de los ojos, el miedo a quedar ciego, es un sustituto fre-
> cuente de la angustia de castración.* [...] Así nos atrevemos a referir el carácter
> siniestro del arenero al complejo de castración infantil. (Freud 2001: 21–22)

El miedo a la castración[34] por parte de Nathanael, sería lo que Freud considera el elemento generador de lo siniestro. En el caso de *Los pendientes* no podríamos hablar por tanto de lo *Unheimliche*, lo cual podría ser
debido, siguiendo esta teoría freudiana, al hecho de que la mujer ya está
castrada: "la niñita acepta la castración como un hecho consumado, mientras que el varoncito tiene miedo a la posibilidad de su consumación"
(Freud 1992b: 186). Freud desarrolla en su artículo *Sobre las teorías sexuales infantiles* (1908) varias teorías sexuales, siendo la primera de ellas la
que explica cómo es entendido el fenómeno de la mujer castrada desde su
infancia:

---

34  Freud trata detenidamente el complejo de castración en su artículo *Sobre las
    teorías sexuales infantiles* (1908) y en *El sepultamiento del complejo de Edipo*
    (1924).

La primera de estas teorías [sexuales] se anuda al descuido de las diferencias entre los sexos [...] Consiste en atribuir a todos los seres humanos, aún a las mujeres, un pene [...] Si el varoncito llega a ver los genitales de una hermanita, sus manifestaciones evidencian que su prejuicio ya ha adquirido fuerza bastante para doblegar a la percepción; no comprueba la falta de miembro, sino que regularmente dice, a modo de consuelo y conciliación: «Ella tiene... pero todavía es chiquitito; claro es que cuando ella sea más grande le crecerá» [...] Los genitales de la mujer, percibidos luego y concebidos como mutilados, recuerdan aquella amenaza [de castración] [...] (Freud 1992a: 192–193)

Siguiendo esta idea podríamos decir que en Claraluz no existe el miedo de Nathanael a arrancarse los ojos, o a que estos sean arrancados, porque el miedo a la castración no puede darse en ella. Es por ello por lo que ofrece sus ojos a Floraldo sin miedo y sin que esto le haga entrar en un estado de locura, como sí le ocurrió a Nathanael, por lo que siguiendo esta línea podemos analizar el motivo de los ojos en el cuento de Pardo Bazán desde un punto de vista feminista. La mujer no está amedrentada por el complejo de castración, por lo que la libertad que se desprende de ella para con su cuerpo es total, mientras que en el hombre está reducida.

La imagen de Claraluz sin ojos, aunque no se describe, recuerda a la de Olimpia, cuando al pelearse por su cuerpo se los arrancan. Estos estarán representados en las dos historias como un elemento no orgánico, en el caso de Claraluz como piedras preciosas y en el de Olimpia como creación de Coppola. Sí encontramos una diferencia clara entre ambas, pues cuando Olimpia queda sin ojos se pone de relieve que es una autómata, una *Holzpüppchen*, como si fueran los ojos los que la insuflaran la vida, mientras que en el caso de Claraluz es la propia mujer la que decide mutilarse, recordándonos así a Edipo, quien, al conocer su culpa, decide arrancarse los ojos.

Las dos figuras femeninas representan la idea burguesa de la mujer *natural* (madre-esposa) del XIX, sumisas, pero que, sin embargo, llevarán a la perdición tanto a Nathanael como a Floraldo. Por un lado Nathanael, al ver a Olimpia sin ojos, entra en un estado de locura del que no puede escapar y que le llevará a su propia destrucción personal mediante el suicidio, mientras que el regalo de Claraluz a Floraldo hará que este termine matando a su amada. Por lo tanto en los dos casos podemos entender el motivo de los ojos como muerte, por un lado la muerte simbólica de Floraldo, la muerte del amor, por haber tenido que acabar con la vida de Mara; y por otro la muerte por locura de Nathanael, que también podemos asociar al amor, pues ese estado de locura lo alcanza al ver muerta a su amada Olimpia.

El último elemento de análisis que consideramos significativo en el cuento *Los pendientes* es el surgimiento de la duda, causante de lo fantástico. Consideramos que este relato debe insertarse en el campo de la literatura fantástica *hoffmaniana*, y no en el de la maravillosa, no solo por el uso del motivo de los ojos, sino por el hecho de crear una incertidumbre en el lector que no queda resuelta y por ser capaz de aunar, en un espacio tan reducido, realidad e irrealidad. La duda es creada a través del uso de metáforas para referirse a los ojos de Claraluz, pues en el relato tras el consentimiento de esta a entregar sus preciosos ojos a Floraldo no se vuelven a mencionar estos como tales, sino que se les nombrará como zafiros, pendientes, aretes, piedras o zafiros celestes, y la descripción de los mismos cuando estos dejan de brillar es perfectamente realista: "los zafiros eran dos trozos opacos de vidrio azul, cuajado, muerto" (Pardo Bazán 1973d: 304). La incertidumbre no queda resuelta: ¿son esos pendientes los propios ojos de Claraluz o son tan solo preciosos zafiros? También encontramos en el propio elemento de las piedras preciosas la suscitación de otra duda: ¿estaban estas encantadas por mano de Claraluz o el brillo que desprendían era tan solo el brillo del sol al atravesarlas? A este respecto, consideramos interesante señalar que la obra *Frankenstein* (1818) de Mary Shelley había sido traducida al francés en 1821, por lo que la amputación, en este caso de los ojos, quizá no sería un hecho extraño para los lectores de la época y por tanto no haría que estos se decantaran por la solución maravillosa.

A la vista de los expuesto, afirmamos que lo fantástico queda instaurado en este relato, pues la incertidumbre es producida tanto en el lector como en los personajes, que persiguen durante todo el cuento unas piedras, zafiros o aretes que brillan bajo la luz del sol y de los que dicen ser los ojos de una bella dama.

## 5.3 Los sentidos como forma de lo fantástico

Los sentidos nos acercan al mundo exterior, consideramos que este acercamiento constituye una manera subjetiva de conocer y entender el mundo externo en el que vivimos y es por ello por lo que nos parece extremadamente importante para la construcción de lo fantástico. Tanto los personajes como los lectores se aproximan a la realidad y a los hechos relatados en las narraciones a través de su experiencia, adquirida a través de los sentidos. Por lo tanto, cuando analizamos la confusión producida en Nathanael ante su primer encuentro con el vendedor de barómetros Coppola, resulta lícito pensar que su percepción visual del sujeto en cuestión ha sido errónea; el protagonista asume desde un primer momento la pareja Coppola/ Coppelius como dos formas de un mismo individuo, mientras que el lector duda. Siendo subjetivo el acercamiento a la realidad a través de los sentidos, ¿cómo podemos saber si ha sido esta una confusión debida a una percepción errónea de la realidad por parte de Nathanael, traumatizado por la consabida fatal experiencia infantil, o ha sido real? Es esta duda irresoluble la que ayuda a la creación de lo fantástico, por lo que si partimos de los sentidos como una forma de subjetividad, el uso de los mismos en un texto narrativo es una forma de crear incertidumbre.

Pardo Bazán escribió un cuento titulado *Los cinco sentidos*, publicado en *La Ilustración Española y Americana* (Madrid), número XX, en 1908, que aunque no analizaremos aquí detenidamente por considerar que no se adapta a las características que hemos adscrito a lo fantástico, sí nos parece interesante mencionarlo. Sin embargo, Penas Varela sí lo estudia desde este punto de vista encuadrándolo en el primer nivel establecido por Risco, el contraste entre lo normal y lo extraordinario. El cuento relata la historia de un joven al que no complaciéndole nada de lo adquirido a través de los sentidos pide a su médico que se los elimine:

> Con una cera especial, adherentísima y penetrante, cerró los ojos de Edgard. Una poción cuya receta procedía de los indios pieles rojas, que la usan para insensibilizarse cuando les torturan, suprimió el tacto y abolió el olfato y el gusto del millonario mozo. Tapones hábilmente colocados interceptaron los ruidos y le produjeron completa sordera. Y así quedó Edgard a oscuras y en silencio absoluto. (Pardo Bazán 1908: 319)

Esta será la única forma que tendrá el joven de vivir felizmente: "Ahora es cuando, sola y libre mi fantasía, me finge la hermosura cabal y sin tacha, la sensibilidad inagotable, las formas celestes y la música digna de los serafines…" (Pardo Bazán 1908: 319). Si bien este cuento no crea incertidumbre, elemento esencial en el análisis de lo fantástico *hoffmaniano*, sí nos parece un extraordinario indicador de cómo los sentidos son usados como creadores de ficción; en este caso su existencia liga al joven a la realidad, mientras que su ausencia es la creación de un mundo propio, nuevo y ficticio. Nos encontramos, por tanto, el uso literario de los sentidos como forma de conocimiento del mundo externo.

Los relatos que aquí analizaremos desde este punto de vista, *Der Sandmann* y *El ruido*, responden a esta misma interpretación de los sentidos como forma de acercamiento a la realidad, pero en estos casos entrará en juego la percepción subjetiva de los protagonistas, lo que hará que el lector se debata entre creer la versión particular de los personajes o se decante por la explicación racional al fenómeno. Escapamos así de lo maravilloso, representado por *Los cinco sentidos*, para acercarnos de nuevo a la concepción *hoffmaniana* de lo fantástico.

### 5.3.1 La percepción auditiva

Uno de los elementos tradicionalmente usados en los relatos de miedo y terror es el ruido: escalones que crujen, el ulular de lechuzas en la noche, el ulular del viento, etc. Muchos autores han relacionado el miedo con la literatura fantástica, una de las ideas más interesantes, a este respecto, es la propuesta por Caillois:

> [lo fantástico] no podría surgir sino después del triunfo de la concepción científica de un orden racional y necesario de los fenómenos, después del reconocimiento de un determinismo estricto en el encadenamiento de las causas y los efectos. En una palabra, nace en el momento en que cada uno está más o menos persuadido de la imposibilidad de los milagros. Si en adelante el prodigio da miedo es porque la ciencia lo destierra y porque se lo sabe inadmisible, espantoso. (Caillois 1970: 12)

En esta cita no solo se liga el miedo al relato fantástico, sino que se afirma el hecho de que si estas narraciones producen terror es porque los fenómenos que se suceden no atienden a leyes físicas conocidas, es decir, lo fantástico no solo produce miedo, sino que este está relacionado con el desconocimiento humano de ciertos aspectos de la naturaleza. Es este un tema tratado sucintamente en este trabajo, pues consideramos que si las narraciones fantásticas pueden actuar como una forma de crítica social es por el hecho de poner de relieve el miedo, producido por la incomprensión de las causas profundas de ciertos sucesos, a los que se les determina llamar sobrenaturales. Se podría decir que esta crítica reside en el hecho de que la sociedad rechaza todo aquello que sea diferente o desconocido. Es decir, podemos extrapolar lo explicitado por Caillois, los prodigios inadmisibles por la ciencia conocida, a todo aquello que diverge respecto a los parámetros sociales establecidos, es decir, lo diferente es marginado.

El peligro que emana en los dos cuentos que aquí vamos a tratar viene en muchos casos dado a través de la percepción auditiva de los protagonistas. Nathanael es un personaje del que los lectores no nos fiarnos, debido a que el trauma de la niñez parece ocupar toda su existencia. Uno de los momentos más escalofriantes del relato es el recuero del ruido que hacía Coppola al subir las escaleras para dirigirse al estudio de su padre. Tenemos aquí un ejemplo claro de cómo el miedo puede estar ligado a una percepción auditiva, que además llevará a la locura al protagonista, pues esos pasos escalofriantes serán una forma de percibir al hombre de la arena:

> An solchen Abenden war die Mutter sehr traurig und kaum schlug die Uhr neun, so sprach sie: «Nun Kinder! –zu Bette! Zu Bette! Der Sandmann kommt, ich merk' es schon». Wirklich hörte ich dann jedesmal Etwas schweren langsamen Tritts die Treppe heraufpoltern; das mußte der Sandmann sein. [...] Gräßlich malte sich nun im Innern mir das Bild des grausamen Sandmanns aus; so wie es Abends die Treppe heraufpolterte, zitterte ich vor Angst und Entsetzen. (Hoffmann 2009: 12–13)[35]

Natahanael relaciona auditivamente el sonido del crujir de los escalones cada vez que Coppelius subía las escaleras en dirección al estudio de su padre con el hombre de la arena y simbólicamente con el miedo a que le arranquen los ojos.

En el cuento de Pardo Bazán serán los propios ruidos los que lleven a la locura al protagonista. La percepción auditiva en los dos relatos juega un papel relevante, en tanto que los dos autores se sirven de sonidos para crear una atmósfera angustiante, no solo para los protagonistas de las historias, sino para los lectores.

---

35 "Esas noches mi madre estaba muy triste, y apenas daban las nueve decía: «¡Vamos niños! ¡A la cama! ¡A la cama! Que viene el hombre de la arena, ya lo oigo». La verdad es que yo siempre oía unos pasos lentos y pesados subir por la escalera; tenía que ser el hombre de la arena. [...] La imagen del cruel hombre de la arena se pintó, espantosa en mi interior; en cuanto por las tardes oía el ruido en la escalera temblaba de miedo y horror" (Hoffmann 2007: 283).

## VIII) *El ruido*

*El ruido* fue publicado por vez primera el 21 de noviembre de 1892 en el periódico *El Imparcial* (Madrid), y posteriormente pasó a formar parte de la colección *Cuentos Nuevos* (1894). Penas Varela, en su estudio *Fantasía en algunos cuentos de Pardo Bazán*, incluye este relato como parte de la primera modalidad formulada por Risco, en la que el contraste entre lo normal y lo extraordinario produce la fantasía.

La historia versa sobre un joven acomodado, Camilo de Lelis, bien visto socialmente que "se reveló a los veintiséis años poeta selecto, de esos que riman contados perfectísimos renglones y con ellos se ganan la calurosa aprobación de los inteligentes, la admirativa efusión del vulgo y hasta el venenoso homenaje de la envidia" (Pardo Bazán 1892). El joven alabado por todo el mundo y con una prometedora carrera por delante dedicaba todo su esfuerzo y empeño en cada verso que escribía:

> [...] y fue lo malo que, cuando se hubo embriagado con los elogios tributados a la factura de sus primeros poemas, aún refinó más la de los siguientes, y los cinceló con rabia, con encarnizamiento, encerrándose en su gabinete de estudio y negándose a salir, hasta para comer, mientras no encontrase el efecto de sonoridad o de dulzura que recreaba su oído de melómano. (ibídem.)

La creación de cada poema era única y necesitaba un lugar totalmente aislado y tranquilo para dedicarse en cuerpo y alma a su labor, por lo que el gabinete en el que vivía, donde se concentraban todo los ruidos de la ciudad, no era el espacio adecuado para ello.

> Al principio estos ruidos importunaban al escritor, como importuna una sensación de conjunto, la bárbara irrupción de una murga, el vocerío de una feria; pero así que fijó su atención en el hecho de que la calle era bulliciosa, infernalmente estrepitosa, notó con angustia que cada ruido se destacaba de los demás y se precisaba y definía, obstruyéndole el cerebro y no permitiéndole tornear un solo verso. Los tranvías le pasaban por las sienes; los coches rodaban sobre su tímpano; los apremiantes pregones, los apasionados y rijosos rebuznos parecían feroces gritos de guerra; las tocatas de los pianos eran gatos de erizada pelambre que sobre la mesa de escritorio bufaban enzarzados o trocaban maulladas ternezas. (ibídem.)

Los ruidos de la propia calle le angustiaban, era capaz de diferenciar cada uno de ellos, le obstruían la capacidad de pensar. Por ello, el joven Camilo buscó un lugar en el extrarradio, más tranquilo, donde poder refugiarse.

Sin embargo, el mismo día que se sentó a escribir en su nueva casa, otros ruidos, ya no provenientes de la ciudad, comenzaron a aturdirle:

> Era que de la calle desierta, abriéndose paso por entre las éticas lilas y los polvorientos evónimos, entraba una especie de gorjeo infantil, entrecortado de risa, de chillidos gozosos, de monosílabos palpitantes de curiosidad: en suma, la charla fresca de unos chicos que delante de la verja jugaban a la rayuela con cascos de teja, despojos de la tejera próxima. (ibídem.)

El joven poeta decidió esperar al silencio nocturno para comenzar a escribir de nuevo, pero cuando estaba buscando la rima perfecta que plasmar en el papel un murmullo llegó hasta él, era una pareja de amantes que estaba junto a su verja. Al día siguiente Camilo tomó un tren hasta llegar a un conventillo en ruinas en la vertiente de una montaña. Aquello era el súmmum del silencio, la atmósfera transpiraba paz, pero para Camilo el conventillo "era cien veces más ruidoso que las calles de la corte" (ibídem.). Escuchaba los arrullos de las palomas, el correr de los ratones, el zumbido de las abejas, el viento agitando las ramas de los árboles "y sobre todo, el eterno plañir de la cascada, que desplomándose de lo alto de la roca al fondo del valle, deshecha en irrestañable llanto, inundaba de desesperación el alma del artista, ya reducido a la impotencia y presa en breve de la insania" (ibídem.). En este punto, el cuento da un salto temporal y el narrador omnisciente señala que treinta años después Camilo habría de morir en un manicomio. La muerte le traería la paz, el ansiado silencio, sin embargo, el poeta continuaba escuchando desde su tumba el propio sonido de su descomposición y de los gusanos que le rodeaban: "¡Tampoco el sepulcro está solitario, y el adorador de la pura e inalterable Forma encuentra en él a su enemiga la Vida!" (ibídem.).

En este relato encontramos reflejada la imagen del poeta romántico, impregnada de cierta crítica. Al igual que Camilo, Nathanael también es presentado como un poeta muy meticuloso: "Während Nathanael dies dichtete, war er sehr ruhig und besonnen, er feilte und besserte an jeder Zeile und da er sich dem metrischen Zwange unterworfen, ruhte er nicht, bis alles rein und wohlklingend sich fügte"[36] (Hoffmann 2009: 31). Esta forma tan

---

36 "Mientras escribía este poema, Nathanael estuvo muy tranquilo y concentrado. Corregía, limaba cada uno de los versos y, habiéndose sometido al rigor del metro, no descansó hasta que todo engarzaba con precisión y su sonido fue puro" (Hoffmann 1987: 40).

detallista de acercarse a la poesía es lo que hará que Camilo magnifique los ruidos circundantes, mientras que en el caso de Nathanael será una forma de expresar el horror y la muerte.

Por otro lado, la percepción que tanto Nathananel como Camilo tienen de la realidad parece adulterada por los sonidos que les rodean. En el caso de Nathanael será la personificación del hombre de la arena en Coppelius/Coppola, a través del miedo a que le arranquen los ojos y del ruido del crujir de las escaleras al subir Coppelius hacia el estudio del padre de Nathanael, lo que le llevará a la enajenación mental; mientras que en el caso de Camilo este elemento estaría constituido por la percepción de los ruidos que le rodean. Por lo tanto, los dos protagonistas, desde la subjetividad perceptiva, magnifican ciertos ruidos convirtiéndolos así en desencadenantes de la locura que llevará a los dos a la muerte.

Consideramos que es la percepción subjetiva de la realidad, en este caso a través del oído, lo que hace que el cuento de Pardo Bazán pueda tener tintes fantásticos. No podemos saber, porque no se esclarece, si los ruidos que Camilo escucha son producidos por la mente enajenada del poeta o si son reales, producidos por algún fenómeno que se escapa a las leyes naturales conocidas. Pardo Bazán consigue en este cuento crear un ambiente fantástico tan solo a través de percepciones auditivas. Además, el final de la historia difumina de nuevo las barreras entre fantasía y realidad, pues el ruido aparece como símbolo de vida y muerte. Sin embargo, consideramos que el cierre de la historia se aleja de lo fantástico *hoffmaniano*, acercándonos más a lo maravilloso. No existe duda en tanto que no podemos optar por una respuesta racional al hecho de que un muerto pueda escuchar ruidos, por lo que nos encontramos tan solo con la solución sobrenatural al desenlace de la historia, algo que quizá remite más a la visión de lo fantástico de Poe.

# 6. Conclusiones

La concepción de lo fantástico que hemos trabajado en este estudio, más apegada a la realidad que al hecho maravilloso, constituyó una extraordinaria fuente de creatividad para muchos autores del siglo XIX. Hoffmann fue uno de los pioneros en la renovación del género, puesto que en algunas de sus obras no se sirve ya de seres fantásticos (vampiros, fantasmas, etc.), y sitúa sus historias en la cotidianidad, insertando el hecho fantástico en un mundo reconocible para el lector y para los personajes. Muchos fueron los sucesores de Hoffmann y no resulta descabellado pensar que Pardo Bazán, autora de más de seiscientos cuentos, varios de ellos de corte fantástico, conociera los relatos del autor alemán y que estos hubieran influido en su concepción del género. Después de haber considerado la llamativa ausencia de estudios sobre la obra cuentística de la autora gallega, y más específicamente sobre sus relatos fantásticos, analizamos el catálogo de su biblioteca personal. Confirmando nuestras sospechas, hemos visto que la autora contaba entre sus muchos ejemplares con una colección de relatos de Hoffmann, en sus versiones francesa y castellana. Si a este hecho le sumamos que muchos de los cuentos del autor alemán fueron traducidos al castellano y publicados en la prensa española de la época, podemos concluir que Pardo Bazán conocía al menos parte de la obra *hoffmaniana*. Esta se compone de una amplia gama genérica que podríamos decir que va desde lo fantástico puro hasta lo maravilloso, como el relato de *Prinzessin Brambilla*. En este trabajo nos hemos centrado exclusivamente en el concepto de lo fantástico establecido en el relato *Der Sandmann*, por considerarlo paradigmático de lo aquí denominado como fantástico *hoffmaniano*. Este concepto, definido a partir de la teoría de Todorov sobre la literatura fantástica, comprende varias características que hemos asumido como imprescindibles, entre ellas la aparición de la duda que crea el hecho fantástico y el apego de las historias a la realidad como marco narrativo. Por un lado, la duda todoroviana se consigue cuando no es posible discernir si el hecho narrado responde a causas sobrenaturales o ilusorias o si puede tener una explicación racional. Por otra parte, el marco en el que se insertan los relatos aquí recogidos es real, reconocible, aunque diferente en los dos autores, pues en el caso de Hoffmann es un escenario urbano, propio de la burguesía de principios del XIX, mientras que en muchos de los cuentos de Pardo Bazán están ambientados en la Galicia rural de final de siglo.

Este estudio pretende ser una primera aproximación a la recepción de los cuentos de Hoffmann y la influencia que estos tuvieron en los relatos fantásticos de Pardo Bazán. Hemos realizado un acercamiento teórico a los textos de los dos autores, para así estudiar si los relatos escogidos contaban con una misma formulación de lo fantástico. En el transcurso de nuestra investigación, nos hemos dado cuenta de que las lecturas de los cuentos fantásticos de Pardo Bazán no se agotan en su relación con Hoffmann, sino que consideramos muy pertinente la necesidad de estudiar las influencias o posibles relaciones con otros autores tales como Maupassant, Gautier, Nerval, Poe, Tieck, Brentano, etc. Así, hemos señalado como posibles puntos de partida, no solo los autores anteriormente citados, sino también en concreto las obras de *Der Schimmelreiter* de Theodor Storm y *Die Judenbuche* de Annette von Droste-Hülshoff. A modo de ejemplo, consignamos la posible influencia del ya citado relato *The Masque of the Red Death* de Poe en el cuento *La máscara* de Pardo Bazán, dado que el motivo de la máscara, en tanto símbolo de la muerte, podría estar tomado del autor estadounidense.

Tras establecer los límites de lo fantástico *hoffmaniano* y habiendo confirmado que Pardo Bazán tenía constancia de los escritos del autor alemán, este estudio ha estado enfocado al análisis de los cuentos de Pardo Bazán en tanto que continuadores de la tradición de lo fantástico establecida por Hoffmann. Finalmente hemos concluido que sí existe una vinculación entre los textos de los dos autores, puesto que comparten el uso de ciertas estrategias para crear lo fantástico: el empleo de leyendas populares, la creación de la duda fantástica, el tema del Doble y el motivo simbólico de los ojos. Estas estrategias responden, en un nivel teórico, a una misma forma de entender y crear lo fantástico narrativo. Otro de los elementos tomados en consideración ha sido el uso de la percepción auditiva como una manera de producir un ambiente angustioso que lleva a la locura de los protagonistas. Es preciso señalar que el cuento *Der Sandmann* es mucho más complejo que los de Pardo Bazán, pues en una misma narración recoge prácticamente todos los elementos que llevan a la creación de la nueva concepción de lo fantástico, mientras que en los de la autora gallega los elementos aparecen desligados y repartidos en varios cuento. Consideramos que uno de los cuentos más acabados de la autora gallega es *Las espinas*, puesto que crea su propio concepto de lo fantástico a través de un elemento propio: el milagro. Es este hecho sobrenatural el que da lugar a la duda fantástica, pues tan solo quienes tengan fe pueden creer en milagros, mientras que el lector moderno se debatirá entre la explicación racional y la fantástica. Resulta curioso que, siendo, como es sabido, la autora una católica devota, introduzca en esta historia personajes que defienden los hechos desde el punto de vista de la razón. Es por ello por lo que consideramos que este cuento es uno de los más sugerentes, puesto que el talento literario de la autora no se ve condicionado por sus ideas católicas: sus relatos no resultan en modo alguno moralistas, sino que lo fantástico es introducido mediante un elemento que en un principio no es propio de las características del género.

# Bibliografía

## OBRAS LITERARIAS

### LITERATURA PRIMARIA

Hoffmann, E.T.A. (1987), El hombre de la arena, en *Nocturnos*. Madrid: Anaya.

Hoffmann, E.T.A. (2007), *Cuentos*. Madrid: Cátedra.

Hoffmann, E.T.A. (2009), *Nachtstücke*. Frankfurt am Main: Deutscher Klassiker Verlag.

Pardo Bazán, E. (1890), *Un destripador de antaño*, en La España Moderna, Núm. XIII, Madrid.

Pardo Bazán, E. (1892), *El ruido*, en *El Imparcial*, Madrid, 21 de noviembre.

Pardo Bazán, E. (1894), *El talismán*, en *El Imparcial*, Madrid, 8 de enero.

Pardo Bazán, E. (1897), *La máscara*, en *El liberal*, Madrid, 28 de febrero.

Pardo Bazán, E. (1973a), *La Borgoñona*, en *Obras Completas*, Tomo I. Madrid: Aguilar.

Pardo Bazán, E. (1973b), *Vampiro*, en *Obras Completas, Tomo II*. Madrid: Aguilar.

Pardo Bazán, E. (1973c), *Las Espinas*, en *Obras Completas, Tomo III*. Madrid: Aguilar.

Pardo Bazán, E. (1973d), *Los pendientes*, en *Obras Completas, Tomo III*. Madrid: Aguilar.

### OTROS TEXTOS LITERARIOS

De Castro, R. (1995), *El caballero de las botas azules*. Madrid: Cátedra.

Díaz, C. (1840), *Un cuento de vieja*, en *Semanario pintoresco español*, Núm. 2, Madrid, 12 de enero.

Gil y Carrasco, E. (1954), *Obras completas*. Madrid: Atlas.

Pardo Bazán, E. (1907), La dama joven. Barcelona: Maucci.

Pardo Bazán, E. (1908), *Los cinco sentidos*, en La Ilustración Española Americana, Núm. XX, Madrid.

Pardo Bazán, E. (1997), *Los Pazos de Ulloa*. Madrid: Cátedra.

Pardo Bazán, E.(1909), "La turquesa", en *Blanco y Negro*, Madrid, Núm. 961.

Pardo Bazán, E.(1999a), Pascual López. Autobiografía de un estudiante de medicina, en Obras completas. Madrid: Fundación José Antonio de Castro, Vol. 1, pp. 1–196.

Pardo Bazán, E.(1999b), Prólogo a Un viaje de novios, en Obras completas. Madrid: Fundación José Antonio de Castro, Vol. 1, pp. 197.

Rodríguez Correa, R. (ca. 1870), «Prólogo», en *Obras de Gustavo Adolfo Bécquer*, [S.l.: s.n.].

Scott, W. (1830), *Nueva colección de Novelas*. Tomo III. Madrid: [s.n.], 1830.

Smith, A. E. (1997), «Prólogo», en Pérez Galdós, B. *Cuentos fantásticos*. Madrid: Cátedra.

VV. AA. (1837), *Horas de invierno. Volumen III*. Madrid: Imprenta de D.T. Jordán. Digitalizado en: http://goo.gl/SXvNxQ (03/12/2018)

## DOCUMENTOS HISTÓRICOS

Alcalá Galiano, A. (1862), «De la Novela. Artículo VI y último», en *La América, Crónica Hispanoamericana*, Núm. 17, Madrid, pp. 12–14.

Anónimo (1830), «Reseña sobre la Nueva colección de Novelas de Sir Walter Scott», en *El Correo, periódico literario y mercantil*, Madrid, 8 de octubre.

Anónimo (1831), «Comentario a la balada Leonore de Bürger», en *El Correo, periódico literario y mercantil*, Madrid, 28 de febrero.

B, R. B. DE. (1881), *El Sacamantecas (J. Diaz de Garayo y Ruiz de Argandoña). Su retrato y sus crímenes. Narración escrita con arreglo a todos los datos auténticos*. Vitoria: Establecimiento tipográfico de la viuda e hijos de Iturbe. Digitalizado en: http://goo.gl/ZOedyS (03/12/2018)

Bermúdez, S. (1839), «Los cuentos de Hoffmann», en *El Piloto*, Núm. 17, Madrid, 17 de marzo.

Guerra, A. (1909), «El centenario de Edgar Allan Poe», en *La España Moderna*, Núm. 244, Madrid, pp. 130–144.

Gil y Carrasco, E. (1839), «Reseña de Los cuentos de Hoffmann», en *Correo Nacional*, Madrid, 16 de abril.

De Madrazo, P. (1836), « Yago Yasck (Cuento fantástico) », en *El Artista*, Madrid, pp 29–34. Digitalizado en: http://hemerotecadigital.bne.es/issue. vm?id=0003648809&search=&lang=es

## ESTUDIOS

Acosta, E. (2007), *Emilia Pardo Bazán: la luz en la batalla*. Barcelona: Lumen.

Álvarez Sanagustín, A (1986), «Un personaje extraño de Rosalía: El duque de la Gloria», en *Actas do Congreso Internacional de Estudios sobre Rosalía de Castro e o Seu Tempo: Santiago, 15–20 de xullo de 1985. Vol I*. Santiago de Compostela: Servicio de Publicacións da Universidade, pp. 503–510.

Arnold, M. (1960), *On the Classical Tradition*. Michigan: University of Michigan Press.

Baquero Goyanes, M. (1949), *El cuento español en el siglo XIX*. Madrid: Consejo Superior de Investigaciones Científicas.

Baquero Goyanes, M. (1992), *El cuento español: del Romanticismo al Realismo*. Madrid: Consejo Superior de Investigaciones Científicas.

Bassnett, S. (1998), ¿Qué significa literatura comparada hoy?, en D. Romero López (ed.), Orientación en literatura comparada. Madrid: Arco/Libros, pp. 87–104.

Béguin, A. (1954), *El alma romántica y el sueño: ensayo sobre el romanticismo alemán y la poesía francesa*. México: Fondo de Cultura Económica.

Bekes, P. (2006), *E. T. A. Hoffmann, Der Sandmann*. Stuttgart: Reclam.

Caillois, R. (1970), *Imágenes, imágenes*. Buenos Aires: Sudamericana.

Carbonell, N. (1998), «Las últimas tendencias: la literatura comparada a finales del siglo XX», en M.J. Vega y N. Carbonell (eds.), *La literatura comparada: principios y métodos*. Madrid: Gredos, pp. 137–143.

Carilla, E. (1968), *El cuento fantástico*. Buenos Aires: Editorial Nova.

Carvalho Calero, R. (1986), «Rosalía, umha rosa de cem folhas», en *Actas do Congreso Internacional de Estudios sobre Rosalía de Castro e o Seu Tempo*. Santiago de Compostela: Servicio de Publicacións da Universidade, pp. 77–87.

Cioranescu, A. (1964), *Principios de literatura comparada*. La Laguna: Universidad, Secretariado de Publicaciones.

Davies, C. (1991), «El caballero de las botas azules: Narrative context and intertextual structure», en *Actas Do Segundo Congreso de Estudios Galegos*. Vigo: Galaxia, pp. 21–33.

Doležel, L. (2003), «Una semántica para la temática: el caso del doble», en C. Naupert (ed.), *Tematología y comparatismo literario*. Madrid: Arcolibros, pp. 257–275.

Esteban Martín, R. (1999), «Relaciones entre ironía romántica y género fantástico en el relato de E.T.A. Hoffmann Der Sandmann», en *Estudios humanísticos. Filología*, Núm. 21, pp. 189–200.

Fernández Sánchez, C. (1992), «E.T.A. Hoffmann y Theophile Gautier», en *Cuadernos de Filología Francesa*, Núm. 6, pp. 47–60.

Fernández-Couto Tella, M. (2005), *Catálogo de la Biblioteca de Emilia Pardo Bazán*. A Coruña: Real Academia Galega.

Freire, A. Mª (2006), «Emilia Pardo Bazán, traductora: una visión de conjunto», en F. Lafarga y L. Pegenaute (eds.). *Traducción y traductores, del romanticismo al realismo*. Bern: Peter Lang, pp. 143–157.

Freud, S. (1992a), «Sobre las teorías sexuales infantiles», en *Obras Completas*, Vol. 9. Buenos Aires: Amorrotu Editores, pp. 183–202.

Freud, S. (1992b), «El sepultamiento del complejo de Edipo», en *Obras Completas*, Vol. 19. Buenos Aires: Amorrotu Editores, pp. 177–188.

Freud, S. (2001), *Lo siniestro*. Palma de Mallorca: José J. de Olañeta.

García-Wistädt, I. (2004), «La presencia de ETA Hoffmann en Gustavo Adolfo Bécquer: una fantasía romántica», en *Estudios filológicos alemanes: revista del Grupo de Investigación Filología Alemana*, Núm. 6, pp. 155–64.

Gautier, T. (1883), *Souvenirs de théatre, d'art et de critique*. Paris: G. Charpentier. Digitalizado: https://archive.org/details/souvenirsdetha00gautuoft (03/12/2018)

Gimber, A. (2010), «Sueños de deseos y sueños de horror. Configuraciones románticas de lo fantástico», en P. Andrade Boué, A. Gimber y M. Goicoechea de Jorge (eds.), *Espacios y tiempos de lo fantástico: una mirada desde el siglo XXI*. Bern [etc.]: Peter Lang, pp. 49–60.

Grobe, H. (2008), *Erläuterungen zu E. T. A. Hoffmann, Der Sandmann*. Hollfeld: Bange Verlag.

Herrero Cecilia, J. (2000), *Estética y pragmática del relato fantástico: la estrategias narrativas y la cooperación interpretativa del lector*. Cuenca: Ediciones de la Universidad de Castilla La Mancha.

Herrero Cecilia, J. (2011), «Figuras y significaciones del mito del doble en la literatura: teorías explicativas», en *Çédille: revista de estudios franceses*, núm. 2, pp. 15–48.

Latorre, Y. (1997), «La fascinación en el discurso fantástico español finisecular: una incursión en la narrativa de Pardo Bazán», en J. Pont (ed.), *Narrativa fantástica en el siglo XIX (España e Hispanoamérica)*. Lleida: Milenio, pp. 381–396.

Latorre, Y. (1999), «Lo monstruoso en Pardo Bazán», en J. Pont (ed.), *Brujas, demonios y fantasmas*. Lleida: Edicions Universitat de Lleida, pp. 205–216.

Martínez Santa, A. (1990), «La influencia de E. T. A. Hoffmann en *La sombra*», en *Actas del Cuarto Congreso Internacional de estudios galdosianos*, vol. 2., pp. 157–168.

Miguel-Pueyo, C. (2009), *El color del romanticismo: en busca de un arte total*. New York: Peter Lang.

Moog-Grünewald, M. (1984), «Investigación de las influencias y de la recepción», en A. Schmeling (ed.). *Teoría y praxis de la literatura comparada*. Barcelona [etc.]: Editorial Alfa, pp. 69–100.

Oleza, J. (1984), *Novela del XIX: del parto a la crisis de una ideología*. Barcelona: Laia, 1984.

Pardo Bazán, E. (1911a), *La literatura francesa moderna. Vol. I: El Romanticismo*. Madrid: Renacimiento, V. Prieto y Compañía.

Pardo Bazán, E. (1911b), *La literatura francesa moderna. Vol II: La Transición*. Madrid: Renacimiento, V. Prieto y Compañía.

Pardo Bazán, E. (2002), *El lirismo en la poesía francesa*. Alicante: Biblioteca Virtual Miguel de Cervantes.

Paredes Núñez, J. (1979), *Los cuentos de Emilia Pardo Bazán*. Granada: Universidad.

Penas Varela, E. (2004), «Fantasía en algunos cuentos de E. Pardo Bazán». Alicante: Biblioteca Virtual Miguel de Cervantes.

Pérez Gil, V. (1993), *El relato fantástico desde el romanticismo al realismo: estudio comparado de textos alemanes y franceses*. Tesis Doctoral. Madrid: Universidad Complutense.

Risco, A. (1987), *Literatura fantástica de lengua española: teoría y aplicaciones*. Madrid: Taurus.

Roas, D. (2002), *Hoffmann en España. Recepción e influencias*. Madrid: Biblioteca Nueva.

Roas, D. (2009), «Las metamorfosis del Arlequín: Hoffmann y los lectores españoles», en *Ínsula: revista de letras y ciencias humanas*, Núm. 752, pp. 9–12.

Roas, D. (2012), «La crítica y el relato fantástico en la primera mitad del siglo XIX». Alicante: Biblioteca Virtual Miguel de Cervantes.

Rodríguez Yáñez, Y. (2005), «Heinrich Heine y su recepción en España en la época de Emilia Pardo Bazán» en *La Tribuna: cadernos de estudios da Casa Museo Emilia Pardo Bazán*, Núm. 3, pp. 71–90.

Romero Tobar, L. (1997), «Sobre la acogida del relato fantástico en la España romántica», en P. Fröhlicher y G. Güntert (eds.). *Teoría e interpretación del cuento*. Bern [etc]: Peter Lang, pp. 223–236.

Safranski, R. (2007), *Romanticismo. Una odisea del espíritu alemán*. Barcelona: Tusquets.

Sastre, A. (2003), *Crítica de la imaginación pura, práctica y dialéctica, 2: Las dialécticas de lo imaginario*. Hondarribia: Hiru.

Schneider, F. (1927), «E. T. A. Hoffmann en España: Apuntes bibliográficos e históricos» en *Estudios eruditos in Memoriam de Adolfo Bonilla y San Martín (1875–1926)*, Vol. 1. Madrid: Imprenta Viuda e Hijos de Jaime Ratés, pp. 279–287. Digitalizado: https://archive.org/details/estudioseruditos01univ (03/12/2018)

Sotelo Vázquez, M. (2000), «Emilia Pardo Bazán: entre el Romanticismo y el Realismo». Alicante: Biblioteca Virtual Miguel de Cervantes.

Tasende-Grabowski, M. (1991), «Otra vez a vueltas con el Naturalismo…», en *Hispania*, Vol. 74, Núm. 1, pp. 26–35.

Todorov, T. (1995), *Introducción a la literatura fantástica*. México D.F: Coyoacan.

www.ingramcontent.com/pod-product-compliance
Lightning Source LLC
Chambersburg PA
CBHW030248100426
42812CB00002B/361